职业教育汽车类专业"互联网+"创新教材

汽车单片机技术

主　编　彭　勇　冉成科
副主编　向云南　侯志华
参　编　聂　进　李　琼　蒋　燕　徐　明

机械工业出版社

本书从职业技能要求出发，采用项目驱动编写方式，构建了单片机操作环境搭建、汽车灯光控制、汽车电动机控制、汽车仪表控制、汽车智能控制、汽车扩展控制和智能电动小车组装与控制6个项目与1个综合练习，每个项目按照知识由简单到复杂、技能由单一到综合的原则设计任务，每个任务包括教学和实操两部分，其中实操又分为基本任务功能测试和拓展任务功能测试，以任务工单的形式指导学生进行实践操作。

本书适合于新能源汽车技术专业、智能网联汽车技术专业、汽车电子技术专业及其他相关专业使用，也可以供单片机技术培训机构使用，或作为汽车从业人员的学习参考书。

为了便于读者自主学习、提高学习效率，本书配备了二维码视频资源，可通过手机扫码观看。本书还配有电子课件、试卷及参考答案等，凡使用本书作为教材的教师可在机械工业出版社教育服务网（www.cmpedu.com）注册后免费下载。咨询电话：010-88379375。

图书在版编目（CIP）数据

汽车单片机技术 / 彭勇，冉成科主编 . —北京：机械工业出版社，2023.3 （2025.1 重印）

职业教育汽车类专业"互联网+"创新教材

ISBN 978-7-111-72392-9

Ⅰ.①汽… Ⅱ.①彭… ②冉… Ⅲ.①汽车 – 单片微型计算机 – 高等职业教育 – 教材 Ⅳ.① U463.6

中国国家版本馆 CIP 数据核字（2023）第 036950 号

机械工业出版社（北京市百万庄大街 22 号　邮政编码 100037）
策划编辑：葛晓慧　　　　　　责任编辑：葛晓慧　曹新宇
责任校对：张晓蓉　许婉萍　　封面设计：王　旭
责任印制：单爱军
北京虎彩文化传播有限公司印刷
2025 年 1 月第 1 版第 3 次印刷
184mm×260mm・12.5 印张・301 千字
标准书号：ISBN 978-7-111-72392-9
定价：42.00 元

电话服务　　　　　　　　　网络服务
客服电话：010-88361066　　机　工　官　网：www.cmpbook.com
　　　　　010-88379833　　机　工　官　博：weibo.com/cmp1952
　　　　　010-68326294　　金　书　网：www.golden-book.com
封底无防伪标均为盗版　　机工教育服务网：www.cmpedu.com

前言

本书根据高职院校项目式课程教学改革精神,结合编者多年的企业设计与职业教育教学经验编写而成,从内容与方法、教与学、做与练等方面多角度、全方位地体现了高职教育的教学特色,本书主要的特点包括以下几个方面:

(1)落实立德树人根本目的 二十大报告明确提出,要落实立德树人根本任务,培养德智体美劳全面发展的社会主义建设者和接班人。编者在编写本书时,以二十大精神为指导进行教材建设,融入节能减排、文化自信、工匠精神、精益求精等素养元素,以便发挥教材培根铸魂的作用。

(2)以汽车各系统设计任务引导教与学 本书采用项目化方式,以工作任务为导向,体现做中学、学中练、练中战的教学思路。为了让学生能自主思考,进一步拓展学习空间,每个任务都有拓展任务要求,充分锻炼学生的创新设计能力。

(3)知识结构体系重构 本书改变了传统单片机教材的知识结构体系,将指令与单片机结构介绍分散到各个任务中,在任务中需要什么指令就介绍什么指令,需要什么接口电路就介绍什么接口电路。避免了一开始就使学生失去学习兴趣的尴尬局面。

(4)引入工单考核 本书将工单引入过程教学,引导学生在任务中进行电路设计、程序设计、功能测试、总结评价等,适用于教师主导、学生主体开放式教学形式,可转变教师和学生的角色,促进师生互动、团队学习和经验分享,营造快乐学习的氛围。

本书由湖南电气职业技术学院彭勇和湖南机电职业技术学院冉成科担任主编,湖南理工职业技术学院向云南和湖南汽车工程职业学院侯志华担任副主编,娄底职业技术学院聂进、湖南工业职业技术学院李琼、湖南电气职业技术学院蒋燕、澧县职业中专学校徐明参与编写。彭勇对本书的编写思路和大纲进行了总体规划,指导全书的编写,其中项目1由向云南编写,项目2和项目3由彭勇、侯志华编写,项目4由冉成科编写,项目5由聂进编写,项目6由李琼和徐明编写,综合练习由蒋燕编写。

本书在编写过程中,还得到了湖南电气职业技术学院各位领导和老师的大力支持和帮助,他们提出了许多宝贵的意见和建议,并且参考了许多相关著作及资料,在此一并表示衷心感谢。由于编者水平有限,书中难免会有不妥之处,敬请广大读者批评指正。

编 者

二维码索引

名称	图形	页码	名称	图形	页码
任务 2-1 汽车前照灯控制		17	任务 2-3 拓展任务		48
任务 2-1 基本任务		30	任务 3-1 汽车玻璃升降控制		51
任务 2-1 拓展任务		30	任务 3-1 基本任务		55
任务 2-2 汽车转向灯控制		31	任务 3-1 拓展任务		55
任务 2-2 基本任务		39	任务 3-2 汽车刮水器控制		57
任务 2-2 拓展任务		39	任务 3-2 基本任务		68
任务 2-3 汽车点阵显示控制		41	任务 3-2 拓展任务		68
任务 2-3 基本任务		48	任务 3-3 汽车蜂鸣器控制		70

（续）

名称	图形	页码	名称	图形	页码
任务 3-3　基本任务		72	任务 4-3　汽车里程表控制		98
任务 3-3　拓展任务		72	任务 4-3　基本任务		103
任务 3-4　汽车舵机控制		74	任务 4-3　拓展任务		103
任务 3-4　基本任务		79	任务 4-4　汽车时钟控制		105
任务 3-4　拓展任务		79	任务 4-4　基本任务		108
任务 4-1　汽车仪表显示控制		82	任务 4-4　拓展任务		108
任务 4-1　基本任务		87	任务 5-1　汽车自动循迹控制		111
任务 4-1　拓展任务		87	任务 5-1　基本任务		115
任务 4-2　汽车燃油表控制		89	任务 5-1　拓展任务		115
任务 4-2　基本任务		96	任务 5-2　汽车倒车雷达控制		117
任务 4-2　拓展任务		96	任务 5-2　基本任务		125

（续）

名称	图形	页码	名称	图形	页码
任务 5-2 拓展任务		125	任务 6-1 汽车温度表控制		163
任务 5-3 汽车串行口通信控制		127	任务 6-1 基本任务		173
任务 5-3 基本任务		141	任务 6-1 拓展任务		173
任务 5-3 拓展任务		141	任务 6-2 汽车电量表控制		174
任务 5-4 汽车远程控制		143	任务 6-2 基本任务		178
任务 5-4 基本任务		152	任务 6-2 拓展任务		178
任务 5-4 拓展任务		152	任务 6-3 汽车无线控制		180
任务 5-5 汽车蓝牙控制		154	任务 6-3 基本任务		185
任务 5-5 基本任务		160	任务 6-3 拓展任务		185
任务 5-5 拓展任务		160			

目录

前言
二维码索引

项目 1　单片机操作环境搭建 ········· 1
任务　Keil C51 软件的使用 ········· 1
项目 1　测评 ········· 16

项目 2　汽车灯光控制 ········· 17
任务 2-1　汽车前照灯控制 ········· 17
任务 2-2　汽车转向灯控制 ········· 31
任务 2-3　汽车点阵显示控制 ········· 41
项目 2　测评 ········· 50

项目 3　汽车电动机控制 ········· 51
任务 3-1　汽车玻璃升降控制 ········· 51
任务 3-2　汽车刮水器控制 ········· 57
任务 3-3　汽车蜂鸣器控制 ········· 70
任务 3-4　汽车舵机控制 ········· 74
项目 3　测评 ········· 81

项目 4　汽车仪表控制 ········· 82
任务 4-1　汽车仪表显示控制 ········· 82
任务 4-2　汽车燃油表控制 ········· 89
任务 4-3　汽车里程表控制 ········· 98
任务 4-4　汽车时钟控制 ········· 105
项目 4　测评 ········· 110

项目 5　汽车智能控制 111

任务 5-1　汽车自动循迹控制 111

任务 5-2　汽车倒车雷达控制 117

任务 5-3　汽车串行口通信控制 127

任务 5-4　汽车远程控制 143

任务 5-5　汽车蓝牙控制 154

项目 5　测评 162

项目 6　汽车扩展控制 163

任务 6-1　汽车温度表控制 163

任务 6-2　汽车电量表控制 174

任务 6-3　汽车无线控制 180

项目 6　测评 186

综合练习 186

综合测评 190

附　录　TT3 开发板仿真电路原理图 191

参考文献 192

项目 1
单片机操作环境搭建

本项目从 Keil C51 软件的使用入手，让读者了解单片机的基础知识、学会使用单片机编译软件及程序下载软件、了解 STC 单片机基本结构，以提高对单片机应用的认识。

知识目标

1）能描述单片机的基本结构。
2）能描述单片机 I/O 口的操作方法。
3）能描述单片机的应用领域。
4）能描述 STC15W4K32S4 系列单片机的基本组成。

技能目标

能对 Keil 软件进行基本使用。

 任务　Keil C51 软件的使用

目的与要求

支持传统 8051 微控制器体系结构的 Keil 开发工具，适合每个阶段的开发人员。不管是专业的应用工程师，还是刚学习嵌入式软件开发的学生，学好 Keil 开发工具的使用都是非常重要的。

Keil C51 软件的基本使用方法：

（1）启动 Keil μVision5　双击 Keil μVision5 快捷方式，运行 Keil μVision5，其软件界面如图 1-1 所示。

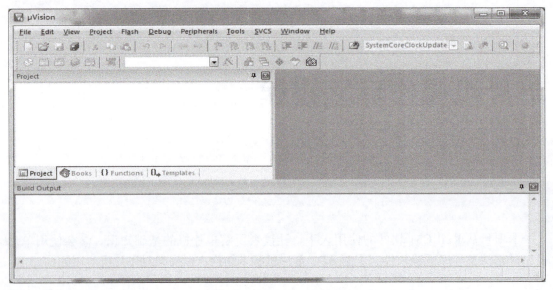

图1-1 Keil μVision5 软件界面

（2）新建工程文件

1）单击"Project"→"New μVision Project..."菜单命令，打开"Create New Project"对话框，选择文件夹（自定义），输入文件名（例如"Test01"），单击"保存"按钮，如图1-2所示。

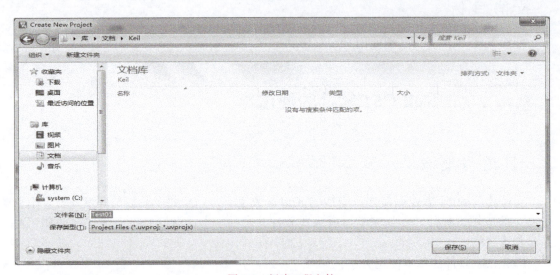

图1-2 新建工程文件

2）选择CPU型号，在图1-3所示对话框中，单击左侧列表中"Atmel"项前面的"+"号，单击选择其中的"AT89C51"，如图1-4所示，然后单击"OK"按钮。

项目1　单片机操作环境搭建

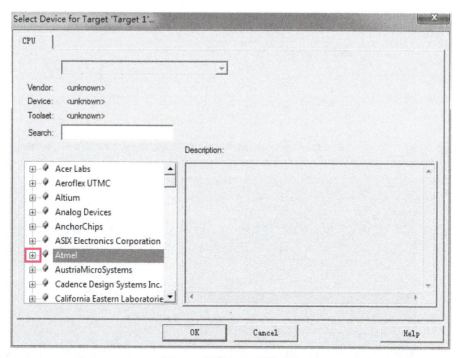

图1-3　选择CPU型号（1）

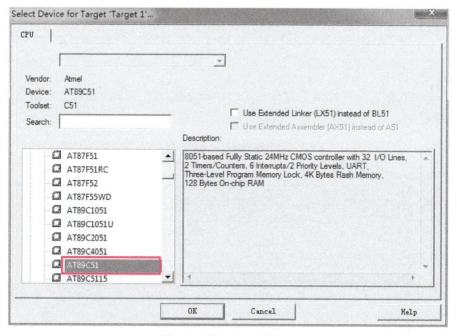

图1-4　选择CPU型号（2）

3）在图1-5所示对话框中，单击"是"按钮，复制标准传统8051启动代码，回到主界面，如图1-6所示。

图1-5 复制标准传统8051启动代码

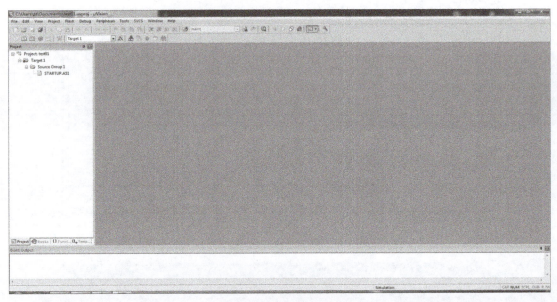

图1-6 新建工程文件后的主界面

（3）新建文件

1）单击"File"→"New"菜单命令，出现如图1-7所示的文本编辑窗口，在该窗口中输入源程序。

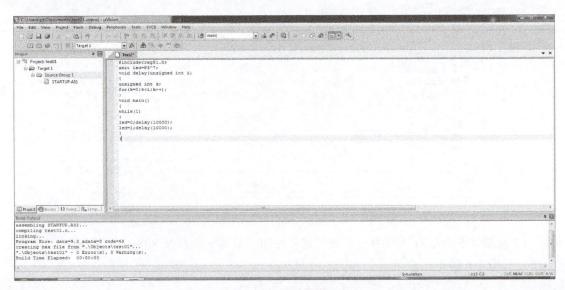

图1-7 文本编辑窗口

2）保存文件，单击"File"→"Save"菜单命令，将文件保存为 C 语言格式文件，如图 1-8 所示。**特别注意**：文件名一定要带 .c 扩展名。

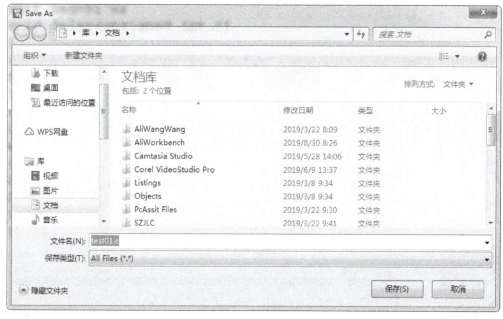

图 1-8　保存文件

3）添加文件到项目工程中，在图 1-9 所示主界面中双击工程管理（Project）窗口中的"Source Group 1"或右键单击打开快捷菜单，再选择"Add Files to Group'Source Group 1'"菜单命令，打开图 1-10 所示的对话框，找到文件保存目录，并选中需要添加的文件，最后单击"Add"按钮，完成文件添加后的主界面如图 1-11 所示。

图 1-9　添加文件到工程中

图 1-10　选择添加的文件

图 1-11　添加文件后的主界面

（4）配置工程属性

1）右键单击"Source Group1"位置，选择"Options for Target 1'Target 1'"快捷命令，如图 1-12 所示。

2）单击"Output"选项卡，选中"Create HEX File"复选框，再单击"OK"按钮，如图 1-13 所示。

项目1 单片机操作环境搭建

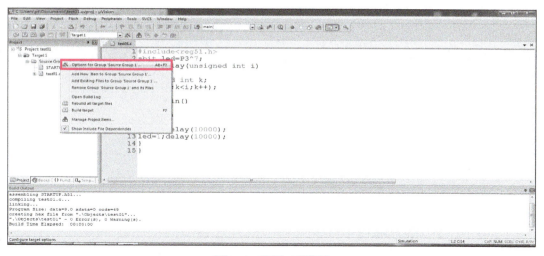

图1-12 配置工程属性

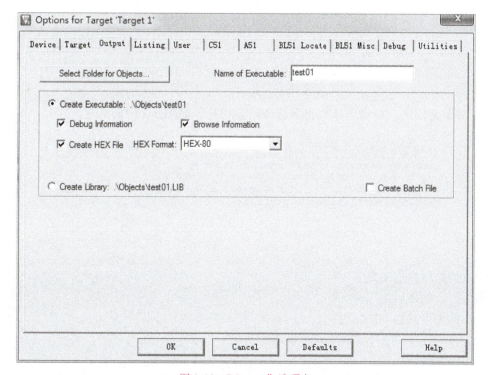

图1-13 "Output"选项卡

（5）编辑文件

1）在主界面中，单击"Project"→"Build target"菜单命令，对工程进行编译，如图1-14所示。也可单击"Rebuild all target files"对所有工程文件进行重新编译。

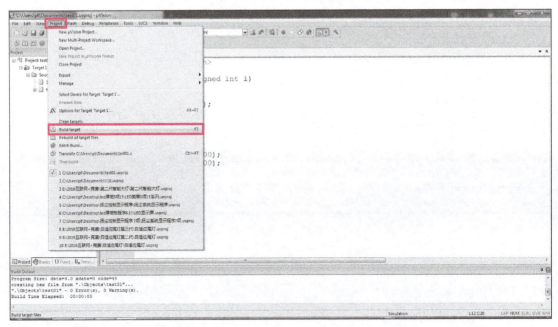

图 1-14 对工程进行编译

2) 编译完成后，在输出窗口查看编译结果信息，如图 1-15 所示。

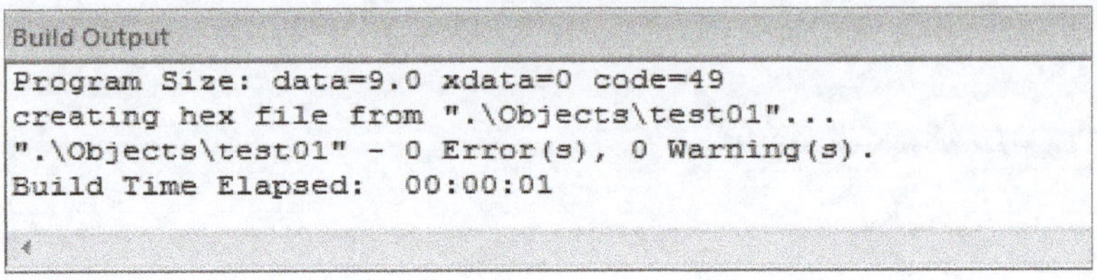

图 1-15 编译结果信息

输出结果信息意义如下：

第 1 行为编译后的程序大小。

第 2 行为生成的 HEX 文件。

第 3 行为程序有 0 个错误，0 个警告。

第 4 行为编译耗时。

3) 若编译出错，其结果信息如图 1-16 所示。

错误信息结果分析：

test01.c（12）：　　　　error C202：　　　'led'：　　　undefined identifier
文件中 12 行　　　　　错误　　　　　　"led" 变量　　　未定义

可在源程序中修改错误并再次编译，直到没有错误且成功生成 16 进制 HEX 文件为止。

图 1-16 编译出错时的结果信息

总结：
1）使用 Keil C51 的基本步骤如图 1-17 所示。

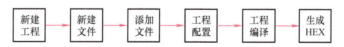

图 1-17 使用 Keil C51 的基本步骤

2）文件工具栏常用按钮功能说明如图 1-18 所示。

图 1-18 文件工具栏常用按钮功能说明

3）编译工具栏常用按钮功能说明如图 1-19 所示。

图 1-19 编译工具栏常用按钮功能说明

4）删除工程中文件时，右键单击工程管理窗口中的"test01.c"位置，在快捷菜单中选择"Remove File'test01.c'"菜单命令，即可将"test01.c"文件从现在工程中删除，操作如图 1-20 所示。

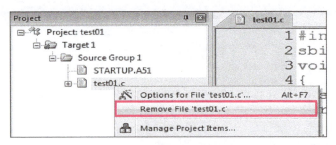

图 1-20　删除工程中文件

相关知识

1. 认识单片机

（1）单片机的由来　单片机又称单片微控制器，它不是完成某一个逻辑功能的芯片，而是把一个计算机系统集成到了一块芯片上，相当于一个微型的计算机。和计算机相比，单片机只缺少了 I/O 设备。概括地讲：一块芯片就成了一台计算机。它的体积小、质量小、价格便宜，为学习、应用和开发提供了便利条件。学习使用单片机是了解计算机结构与原理的最佳选择。

从 20 世纪 90 年代开始，单片机技术就已经发展起来，随着时代的进步和科技的发展，目前该技术的实践应用日渐成熟，单片机被广泛应用于各个领域。如今，单片机的发展进入到新的时期，人们越来越重视单片机在智能电子技术方面的开发和应用，无论是自动测量还是智能仪表，都能看到单片机技术的身影。工业生产中人们将电子信息技术与单片机技术相融合，有效提高了单片机的应用效果。单片机技术在电子产品领域的应用，丰富了电子产品的功能，也为智能化电子设备的开发和应用提供了新的出路，实现了智能化电子设备的创新与发展。

单片机中主要包含 CPU、只读存储器（ROM）和随机存储器（RAM）等，多样化的数据采集与控制能够让单片机完成各项复杂的运算，无论是对运算符号进行控制，还是对系统下达运算指令，都能通过单片机完成。简单地说，单片机就是一块芯片，这块芯片组成了一个系统，通过集成电路技术的应用，将数据处理和运算能力集成到芯片中，实现对数据的高速化处理。

人文拓展

5G 时代的到来，给中国芯片产业的发展带来了新的机遇。经过多年积累，中国的芯片产业规模已经跨入世界前列，产品种类相对齐全，但在很多领域的市场占有率低。在未来，通过提升自身技术能力，加强人才培养，中国芯片产业的前景值得期待。

（2）基本结构　单片机的基本结构框图如图 1-21 所示。

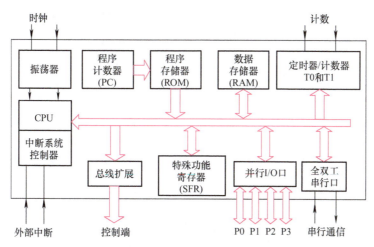

图 1-21　单片机的基本结构框图

1）CPU。CPU 也叫中央处理器，包含运算器和控制器，是单片机的核心部件，主要完成单片机的运算和控制功能。

① 运算器：包括算术逻辑单元 ALU、布尔处理器、累加器 ACC、寄存器 B、暂存器 TMP1 和 TMP2、程序状态字 PSW 寄存器及十进制调整电路等。

② 控制器：包括定时控制逻辑、指令寄存器、译码器以及信息传送控制部件等。

2）内部存储器。单片机的内部存储器包括程序存储器和数据存储器，它们是相互独立的。

① 程序存储器为只读存储器（ROM），用于存放程序指令、常数及数据表格。

② 数据存储器为随机存储器（RAM），用于存放数据。数据存储器又可分为内部数据存储器和外部数据存储器。

在单片机内部有 256 个 RAM 单元来存放可读写的数据，其中，后 128 单元被专用寄存器占用，供用户使用的只是前 128 单元。

3）定时器 / 计数器。MCS-51 单片机内部有两个 16 位的定时器 / 计数器，用于实现内部定时或外部计数的功能，并以其定时或计数的结果（查询或中断方式）来实现控制功能。

4）中断系统控制器。MCS-51 单片机具有中断功能，以满足控制应用的需要。MCS-51 共有 5 个中断源（52 系列有 6 个中断源），即外部中断 2 个、定时器 / 计数器中断 2 个、串行口中断 1 个。全部中断可分为高级和低级两个级别。

5）并行 I/O 口。MCS-51 单片机内部共有 4 个 8 位的并行 I/O 口（P0、P1、P2、P3），以实现数据的并行输入和输出。

6）全双工串行口。MCS-51 单片机还有一个全双工串行口，以实现单片机与外部之间的串行数据传送。

7）OSC。OSC 是单片机的时钟电路。时钟电路用于为单片机产生时钟脉冲序列，协调和控制单片机的工作。

2. 应用领域

（1）节能控制　单片机技术在节能控制中的应用主要分为以下两个方面：第一，单片机通过对智能电子设备中数据的收集，可以大致推断当前设备处于较低的负载，这时可以降低电压及电流的输出，达到节能的目的。第二，单片机可以控制能耗的节奏，如将运动手环的大部分时间控制在低能耗的状态下，以延长待机时间。

（2）智能语音设备　单片机在智能语音设备中的应用，主要分为以下两个方面：第一，软件设置方面，由于单片机可以通过编程的方式处理一些业务逻辑，因此就能够对智能语音处理过程进行操作，例如在智能导航电子设备中，可以将其中的一些道路名称、距离等进行提取，然后进行播报。第二，硬件设计方面，由于智能语音设备对资源的消耗比较大，因此为了更好地延长产品的待机时间，会使用单片机技术动态控制产品的功率，进一步降低对电能的消耗。同时，还可以通过单片机技术，提高硬件的响应时间，进一步提高用户的体验。

（3）报警控制　部分电子设备会有自动报警的设置，报警控制也是单片机技术经常使用的领域，主要体现在以下两个方面：第一，对于一些自动报警装置，可收集外界的数据，达到某种状态时，就会自动触发报警设置，从而实现智能报警的功能。第二，对于一些智能电子设备，如果外部环境超过设备的工作环境范围，或者设备存在一些异常情况，就会触发自身的报警机制，让用户能够及时了解设备的运作详情，并且根据报警信息提供解决方案。

（4）医疗设备　单片机在医疗设备中应用广泛，主要体现在对病人的身体特征数据进行智能监控；通过智能体检数据分析设备，对用户的身体疾病进行预测和诊断等。

（5）汽车领域　21世纪以来，汽车中的半导体电子元器件的组成及复杂程度一直呈增长的趋势。某些高档车型中的电子控制单元（ECU）已多达80个以上。这些ECU依靠网络相互通信联系，形成一个庞大复杂的系统。它们的工作情况直接影响到汽车的性能。众所周知，每个ECU中至少有一个"大脑"——单片机。这些单片机的性能、功能和可靠性，对ECU的正常工作是至关重要的。

3. 应用特点

单片机拥有以下几个应用特点：
1）良好的集成度。
2）自身体积较小。
3）强大的控制功能。
4）运行电压比较低。
5）有易于携带。
6）性价比较高。

4. 51单片机

51单片机是对所有兼容Intel 8031指令系统的单片机的统称。51单片机是基础入门的一种单片机，也是应用最广泛的一种。

51单片机中最具代表性的当属Intel公司的MCS-51单片机系列。MCS-51以其典型的结构、完善的总线、SFR的集中管理模式、位操作系统和面向控制功能的丰富指令系统，为单片机的发展奠定了良好的基础。MCS-51系列的典型产品是80C51（CHMOS型的传统8051单片机）。为此，众多的厂商都介入了以80C51为代表的8位单片机的发展，如 Philips、Siemens（Infineon）、Dallas、ATMEL 等公司，这些公司生产的与 80C51 兼容的单片机统称为 80C51 系列单片机。特别是在近年来，80C51 系列单片机又有了许多发展，推出了一些新产品，主要目的是改善单片机的控制功能，如在内部集成了高速 I/O 口、ADC、PWM、WDT 等，以及低电压、微功耗、电磁兼容、增设串行扩展总线和控制网络总线等。

5. 单片机的发展趋势

（1）制作工艺 CHMOS 化（全盘 CHMOS 化）　出于对低功耗的普遍要求，目前各大厂商推出的各类单片机产品都采用了 CHMOS 工艺。

80C51 系列单片机采用两种半导体工艺生产。一种是 HMOS 工艺，即高密度短沟道 MOS 工艺；一种是 CHMOS 工艺，即互补金属氧化物的 HMOS 工艺。CHMOS 是 CMOS 和 HMOS 的结合，除保持了 HMOS 的高速度和高密度的特点之外，还具有 CMOS 低功耗的特点。

（2）尽量实现单片化　单片机是将中央处理器（CPU）、存储器和 I/O 接口电路等主要功能部件集成在一块集成电路芯片上的微型计算机，它还有很多其他功能部件，通常的做法是根据系统设计的需要在外围扩展功能芯片。随着集成电路技术的快速发展和"以人为本"思想在单片机设计上的体现，很多单片机生产厂家将一些常用的功能部件，如 A/D（模 / 数）转换器、D/A（数 / 模）转换器、PWM（脉冲宽度调制）器以及 LCD（液晶显示器）的驱动器等集成到芯片内部，尽量实现单片化。

（3）类型丰富　单片机从整体上讲，有精简指令集计算机（RISC）和复杂指令集计算机（CISC）两大类型；从品牌上讲，有 Intel、Motorola、Philips、Microchip、EMC 等公司的相关产品。

6. STC 单片机

STC 单片机是高速、低功耗、超强抗干扰的新一代 8051 单片机，其指令代码完全兼容传统 8051 单片机，但速度比后者快 8～12 倍，其内部集成 MAX810 专用复位电路，4 路 PWM，8 路 10 位高速 A/D 转换，支持电动机的控制，可用于强干扰场合。

（1）STC15W4K32S4 系列单片机简介　STC15W4K32S4 系列单片机是一类 STC 增强型 8051 单片机，它支持宽电源电压（2.5～5.5V），无需转换芯片即可直接与 PC 的 USB 接口通信。增强型 8051 单片机集成了上电复位电路与高精准 R/C 时钟，给单片机芯片加上电源就可运行程序。它具备在线编程与在线仿真功能，一块芯片既是目标芯片，又是仿真芯片。它集成了大容量的程序存储器、数据存储器以及 EEPROM，增加了定时器、串行口等基本功能部件，集成了 A/D 转换器、PCA、比较器、专用 PWM 模块、ISP 等多功能接口部件，可大大简化单片机应用系统的外部电路，使单片机应用系统的设计更加简洁，系统性能更加高效、可靠。其内部功能如图 1-22 所示。

现在的 STC15W4K32S4 系列单片机采用 STC-Y5 超高速 CPU，在相同的时钟频率下，速度比早期的 STC1T 系列单片机（如 STC10 系列 /STC11 系列 /STC12 系列）的速度快 20%。

（2）STC15W4K32S4 系列单片机参数与功能详解

1）工作电压：2.5～5.5V。

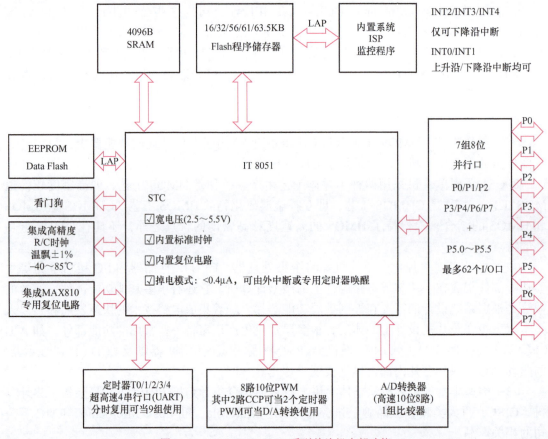

图1-22 STC15W4K32S4系列单片机内部功能

2）具有16/32/40/48/56/58/61/63.5KB的Flash程序存储器，擦写次数10万次以上。

3）片内有4096B的SRAM，包括常规的256B的RAM（data）和扩展的3840B的XRAM（xdata）。

4）支持ISP/IAP，即在系统可编程/在应用可编程，但需编程器/仿真器。

5）8通道10位高速A/D转换，速度可达30万次/s，8路PWM输出还可当8路D/A转换使用。

6）6通道15位专门的高精度PWM（带死区控制）输出+2通道CCP输出（利用它的高速脉冲输出功能可实现11～16位PWM输出）。

7）可实现8路D/A转换，或2个16位定时器，或2个外部中断（支持上升沿/下降沿中断）。

8）内部高可靠复位，ISP编程时有16级复位门槛电压可选，可彻底省掉外部复位电路。

9）不需要外部晶振，ISP编程时5～30MHz可任意设置，相当于传统8051的60～360MHz。内部高精度R/C时钟（误差±0.3%），常温下温漂为±0.6%（-20～65℃）。

10）不需外部晶振和外部复位，还可对外输出时钟和低电平复位信号。

11）4组完全独立的高速异步串行口，分时切换可当9组串行口使用。

12）具有 SPI 高速同步串行口。
13）支持程序加密后传输，防拦截。
14）1 个时钟／机器周期，增强型 8051 单片机内核速度比传统 8051 单片机快 7～12 倍。
15）低功耗设计：具有低速模式、空闲模式、掉电模式。
16）可由外部中断或内部低功耗掉电唤醒专用定时器唤醒掉电模式。
17）共有 7 个定时器／计数器，5 个 16 位可重装载定时器／计数器（T0～T4，其中 T0、T1 兼容传统 8051 的定时器／计数器），并均可实现时钟输出。
18）具有先进的指令集结构，兼容传统 8051 指令集，有硬件乘法／除法指令。
19）具有通用 I/O 口（42/38/30/26wh）可设置成四种模式：
① 准双向口／弱上拉　　　PxM0=0x00；PxM1=0x00；x 取 0、1、2、3、4、5、6。
② 强推挽／强上拉　　　　PxM0=0xFF；PxM1=0x00；x 取 0、1、2、3、4、5、6。
③ 仅为输入／高阻　　　　PxM0=0x00；PxM1=0xFF；x 取 0、1、2、3、4、5、6。
④ 开漏　　　　　　　　　PxM0=0xFF；PxM1=0xFF；x 取 0、1、2、3、4、5、6。

强推挽／强上拉时每个 I/O 口驱动电流均可达到 20mA，但 40-pin 及 40-pin 以上单片机的整个芯片最大驱动电流不要超过 120mA，20-pin 以上及 32-pin 以下（包括 32-pin）单片机的整个芯片最大驱动电流不要超过 90mA。

20）工作温度范围：–40～85℃（工业级）/0～75℃（商业级）。
21）开发环境：在 Keil C 开发环境中，选择 Intel 8052 编译即可。
（3）STC15W4K32S4 系列单片机引脚分布　STC15W4K32S4 系列单片机引脚分布如图 1-23 所示。

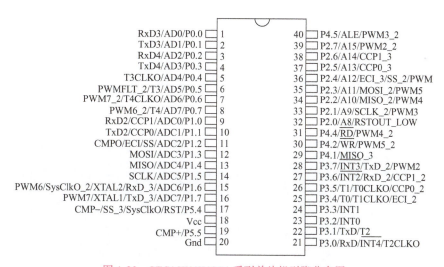

图 1-23　STC15W4K32S4 系列单片机引脚分布图

任务　习题

1. 除了 Keil 软件还有哪些软件可以进行单片机程序编译？
2. 目前市场主流的单片机有哪些型号？请列举不少于 5 个厂家的单片机型号。

3. STC15W4K32S4 系列单片机与 AT89C51 单片机相比，请列举不少于 10 条优点。
4. 单片机在汽车领域还有哪些应用？

 项目 1　测评

序号	测评内容	是否具备该项能力	存在的主要问题
1	能对 Keil C51 软件进行基本使用	是□　否□	

项目 2
汽车灯光控制

本项目以汽车前照灯控制、汽车转向灯控制和汽车点阵显示控制为实例,介绍单片机 I/O 口的输入/输出基本操作、程序编制流程与基本框架、C 语言指令应用、延时程序编制、74HC595 芯片在单片机 I/O 口扩展中的应用等知识,通过对单片机学习开发板 TT3 的实践操作,掌握单片机 I/O 口的编程技巧。

知识目标

1)能描述单片机程序的基本框架。
2)能描述 74HC595 芯片的应用方法。
3)能描述延时程序的编制方法。
4)能描述 for、if、while 指令的应用方法。

技能目标

1)能编制汽车前照灯控制程序。
2)能编制汽车转向灯控制程序。
3)能编制汽车点阵显示控制程序。

 任务 2-1　汽车前照灯控制

目的与要求

通过单片机控制,在任意按钮按下时,对应的 LED 灯点亮;按钮松开时,对应的 LED 灯熄灭。以此了解 C 语言的数据类型、常量与变量、运算符和表达式等基本概念及使用方法。

设计要求:当连接到单片机 P5.5 口的按钮 S1 按下时,通过单片机检测并控制连接到 P3.7 口的 LED 灯 L2 点亮,按钮 S1 松开时 L2 熄灭。

1. 电路设计

汽车前照灯控制的仿真电路如图 2-1 所示。

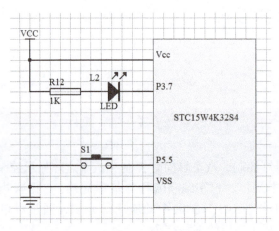

图 2-1　汽车前照灯控制的仿真电路

单片机 P5.5 口在复位后一直处于高电平状态，当按下按钮 S1 后，P5.5 口处于低电平状态。通过程序检测 P5.5 口是否为低电平，即可知道按钮 S1 是否被按下。

LED 灯回路中的电阻 R_{12} 为限流电阻，阻值的大小可以决定 LED 灯的发光亮度，一般取 1kΩ 电阻，图 2-1 中 LED 灯 L2 的控制方式为 P3.7 口输出高电平时灯不亮，P3.7 口输出低电平时灯点亮。

2. 源程序设计（见图 2-2）

```
1  //程序：2-1.c
2  #include "STC15F2K60S2.h"    // 包含头文件 STC15F2K60S2.h
3  sbit LED=P3^7;               // 定义LED灯为 P3.7口
4  sbit KEY=P5^5;               // 定义按钮为 P5.5口
5  void main()                  // 主函数
6  {
7    P3M0=0x00;                 // 设置P3为准双向I/O（传统51模式）
8    P3M1=0x00;                 // 设置P3为准双向I/O（传统51模式）
9    P5M0=0x00;                 // 设置P5为准双向I/O（传统51模式）
10   P5M1=0x00;                 //     准双向I/O（传统51模式）
11   while(1)                   // while循环指令
12   {
13     if(KEY==0) LED=0;        // 当KEY为0时，LED灯点亮
14     else       LED=1;        // 当KEY为1时，LED灯熄灭
15   }
16 }
```

图 2-2　汽车前照灯控制的源程序

（1）程序设计思路　根据电路设计分析，确定程序设计思路为：

单片机检测 P5.5 口是否为低电压，若为低电压，则控制 P3.7 口输出低电平，使 LED 灯 L2 点亮；反之则控制 P3.7 口输出高电平，使 LED 灯 L2 熄灭。程序流程如图 2-3 所示。

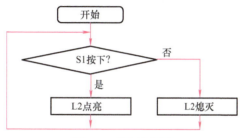

图 2-3　程序流程图

（2）程序基本结构　程序基本结构如图 2-4 所示。

```c
#include "STC15F2K60S2.h"    // 包含头文件 STC15F2K60S2.h
sbit LED=P3^7;               // 定义输出 LED 灯的为 P3.7口
unsigned int i,j;
void main()                  // 主函数
{
    P3M0=0x00;               // 设置 P3 口为准双向 I/O（传统 51 模式）
    P3M1=0x00;               // 设置 P3 口为准双向 I/O（传统 51 模式）
    while(1)                 //while 循环指令
    {
        LED=0;
    }
}
```

图 2-4　程序基本结构

#include "STC15F2K60S2.h" 的意义为添加需要包含的头文件，本书以 STC15W4K32S4 单片机为载体进行介绍，本行指令为包含 STC15 系列单片机应用中所需要用到的头文件，本文件可以从 STC-ISP 下载软件中获取得到，如图 2-5 所示。

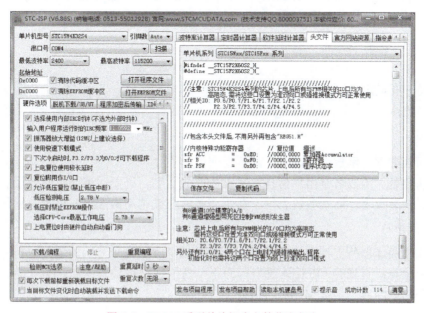

图 2-5　STC15 系列单片机头文件获取方法

单击图 2-5 所示对话框中的"保存文件"按钮，将文件以"STC15F2K60S2"命名后保存到项目所在文件下。

相关知识

1. 发光二极管（LED）

LED 是一种电流型器件，虽然在它的两端直接接上 3V 的电压后能够发光，但容易损坏，在实际使用中一定要串联限流电阻，LED 的工作电流根据型号不同一般为 1～30mA。

人文拓展

2016 年，武汉光电国家实验室（筹）微光机电系统研究部和华中科技大学能源学院，采用具有中国自主知识产权的技术成功封装了功率高达 1500W 的 LED 光源。据测算，采用此类高效照明产品替代传统的低效照明产品可节电 70% 左右。

2. 函数

C 语言程序采用函数结构，每个 C 语言程序由一个或多个函数组成，在这些函数中至少应包含一个主函数 main( )，也可以包含一个 main( ) 函数和若干个其他的功能函数。不管 main( ) 函数放于何处，程序总是从 main( ) 函数开始执行，执行到 main( ) 函数结束则结束。可以在 main( ) 函数中调用其他功能函数，其他功能函数也可以相互调用，但 main( ) 函数只能调用其他功能函数，而不能被其他功能函数所调用。

功能函数可以是 C 语言编译器提供的库函数，也可以是由用户定义的自定义函数。在编制 C 语言程序时，程序的开始部分一般是预处理命令、函数说明和变量定义等。

函数定义的一般格式如下：

函数类型　函数名（形式参数表）
{
　　局部变量定义
　　函数体
}

（1）函数类型　函数类型说明了函数返回值的类型。

（2）函数名　函数名是用户为自定义函数取的名字，以便调用函数时使用。

（3）形式参数表　形式参数表用于在主调函数与被调用函数之间进行数据传递。

3. 注释语句

Keil C51 编译器所支持的注释语句。一种是以"//"符号开始的语句，符号之后的语句都被视为注释，直到有 <Enter> 键换行为止。另一种是在"/*"和"*/"符号之内的为注释。注释部分内容不会被编译器所编译。

项目2 汽车灯光控制

4. 数据类型

每写一个程序，总离不开数据的应用，在学习 C 语言的过程中理解掌握数据类型也是很关键的。表 2-1 中列出了单片机 C 语言编译器所支持的数据类型。

表 2-1 单片机 C 语言编译器所支持的数据类型

数据类型	长　　度	值　　域
unsigned char	单字节	0～255
signed char	单字节	−128～127
unsigned int	双字节	0～65535
signed int	双字节	−32768～32767
unsigned long	四字节	0～4294967295
signed long	四字节	−2147483648～2147483647
float	四字节	±1.175494E−38～±3.402823E+38
bit	位	0 或 1
sfr	单字节	0～255
sfr16	双字节	0～65535
sbit	位	0 或 1

（1）char 字符型　char 字符型的长度是一个字节，通常用于定义处理字符数据的变量或常量。分无符号字符型 unsigned char 和有符号字符型 signed char，默认值为有符号字符型 signed char。unsigned char 用字节中所有的位来表示数值，所能表达的数值范围是 0～255。signed char 用最高位表示数据的符号，"0"表示正数，"1"表示负数，所能表示的数值范围是 −128～127。unsigned char 常用于处理 ASCII 字符或用于处理小于或等于 255 的整型数。

例如"10010011"若为 unsigned char 时则表示十进制数"147"，若为 signed char 时则表示十进制数"−19"。

（2）int 整型　int 整型长度为两个字节，用于存放一个双字节数据。分有符号整型 signed int 和无符号整型 unsigned int，默认值为有符号整型 signed int。signed int 表示的数值范围是 −32768～32767，最高位表示数据的符号，"0"表示正数，"1"表示负数。unsigned int 表示的数值范围是 0～65535。

必须注意的是，当定义一个变量为特定的数据类型时，在程序使用该变量时不应使它的值超过该数据类型的值域。

（3）long 长整型　long 长整型长度为 4 个字节，用于存放一个 4 字节数据。分有符号长整型 signed long 和无符号长整型 unsigned long，默认值为有符号长整型 signed long。signed long 表示的数值范围是 −2147483648～2147483647，最高位表示数据的符号，"0"表示正数，"1"表示负数。unsigned long 表示的数值范围是 0～4294967295。

（4）float 浮点型　float 浮点型在十进制中具有 7 位有效数字，是符合 IEEE-754 标准的单精度浮点型数据，占用 4 个字节。

（5）bit 位标量　bit 位标量是 Keil C51 编译器的一种扩充数据类型，利用它可定义一个位标量，但不能定义位指针，也不能定义位数组。它的值是一个二进制数，不是"0"就是"1"，类似一些高级语言中的 Boolean 类型中的"True"和"False"。

（6）sfr 特殊功能寄存器　sfr 也是一种扩充数据类型，它占用一个内存单元，值域为 0～255。利用它能访问 51 单片机内部的所有特殊功能寄存器。如用 sfr P1 = 0x90 这一语句定义 P1 口的字节地址为 90H，在后面的语句中可以用 P1 = 255（对 P1 口的所有引脚置高电平）之类的语句来操作特殊功能寄存器。

（7）sbit 可寻址位　sbit 同样是一种扩充数据类型，利用它能访问 51 单片机内 RAM 中的可寻址部分。

例如经过 sbit LED = P3^7；这样的定义后，在程序语句中就能用 LED 来对 P3.7 引脚进行读写操作了。

5. 常量

常量就是在程序运行过程中不能改变值的量，而变量是能在程序运行过程中不断变化的量。变量的定义能使用所有 Keil C51 编译器支持的数据类型，而常量的数据类型只有整型、浮点型、字符型和位标量。

例如：

#define False 0x0;// 用预定义语句能定义常量。
#define True 0x1;// 这里定义 False 为 0,True 为 1。
// 在程序中用到 False 编译时自动用 0 替换，同理 True 用 1 替换。

6. 变量

（1）关键字介绍　ANSIC 规定的关键字有 32 个，即：auto、const、signed、unsigned、static、extern、char、long、short、int、float、double、void、volatile、register、union、struct、enum、sizeof、typedef、if、while、break、case、continue、default、do、else、for、goto、return、switch。

单片机中除了上面的关键字还有自己的变量：

bit 是定义为变量的关键字。sbit 是定义特殊功能寄存器的位变量。sfr 用于定义特殊功能寄存器变量。sfr16 用于定义 16 位专用寄存器变量。

除此之外还有单片机特有的存储器类型：data 是直接访问内部数据存储器，访问速度最快。bdata 是可位寻址内部数据存储器，允许位与字节混合访问。idata 是间接访问内部数据存储器，允许访问全部内存地址。pdata 是分页访问外部数据存储器，等效于汇编语言的 movx @Ri；xdata 是外部数据存储器，等效于汇编语言的 movx @DPTR；。code 是程序存储器，等效于汇编语言的 movc @A+DPTR；。

（2）命名规则和标识符　所谓的变量就是对存储空间的区域命名，其存储的值可以改变。变量定义必须放在变量使用之前，一般放在函数体的开头部分。

标识符由英文字母（A～Z，a～z）、数字（0～9）和下画线"_"组成，并且首字符不能是数字。例如正确的标识符有 Led，PT1，LY_1 等。不能把 C 语言关键字作为用户标识符，例如 int、for、goto 等均不可。标识符长度是由机器上的编译系统决定的，一般的限制为 8 字符。标识符对大小写敏感，即严格区分大小写。

函数名在定义时也遵循以上命名规则。

（3）变量定义　有了关键字、命名规则和标识符就可以定义变量了，一般定义变量的格式如下：

［存储种类］数据类型［存储器类型］变量名表

可以看到在定义变量的格式中除了数据类型和变量名表是必要的，其他都是可选项。

存储种类有四种：自动（auto）、外部（extern）、静态（static）、寄存器（register），缺省类型则默认为自动（auto）。

数据类型对应前边介绍的 unsigned/signed char、int、bit 等。

存储器类型为 data、idata、xdata、code 等。如果省略存储器类型，系统默认为 data 型存储器。

1）data——直接访问内部数据存储器（128B），访问速度最快。
2）idata——间接访问内部数据存储器（256B），允许访问全部内部地址。
3）xdata——外部数据存储器。
4）code——程序存储器。

需要注意的是 AT89C51 芯片中 RAM 只有 128 位；AT89C52 芯片中 RAM 有 256 位，其中低 128 位可以直接访问，高 128 位则需要间接访问。

小型应用程序中，变量和数据一般放在 data 区中，这样访问速度快，但在较大型的应用程序中，data 区最好只存放小的变量、数据或常用的变量，而大的数据则放置在别的存储区域。code 区是将变量定义在程序存储器中，定义后的变量在后续程序操作中只能读取，不能写入。

7. 进制转换

（1）二进制转换为十进制　在进行二进制转换为十进制的众多方法中，本书介绍"8421"转换法，如图 2-6 所示，将二进制位为 1 所对应的"8421"数列里的数字相加，结果即为该二进制数对应的十进制数，如果超过 8 位时，"8421"数列第 9 位的数为第 8 位的数的 2 倍，即 256。

图 2-6　用"8421"法实现二进制转换为十进制

（2）二进制转换为十六进制　将二进制数从右到左每 4 位一分，不满 4 位的在前面补 0。然后按"8421"法进行转换，如图 2-7 所示。

图 2-7　用"8421"法实现二进制转换为十六进制

（3）十六进制转换为二进制　将十六进制转换为二进制时，方法与二进制转换为十六进制是相反的，分别将十六进制数的每 1 位单独转换成 4 位二进制数。转换时拼凑"8421"数据并让它与十六进制单个数相等，拼凑的"8421"数据对应位的二进制位为 1，其他位为 0，如图 2-8 所示。

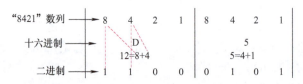

图 2-8　用"8421"法实现十六进制转换为二进制

（4）十进制转换为二进制　将十进制转换为二进制时，方法与二进制转换为十进制是相反的。转换时拼凑"8421"数据并让它与十进制数相等，拼凑的"8421"数据对应位的二进制位为 1，其他位为 0，如图 2-9 所示。

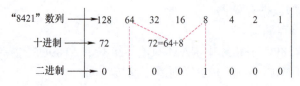

图 2-9　用"8421"法实现十进制转换为二进制

（5）其他进制转换　在单片机程序设计过程中，掌握二进制、十进制、十六进制的相互转换能满足一般设计需求，至于其他进制之间的转换关系可以利用计算器的程序员功能进行转换。对于比较复杂的二进制、十进制、十六进制的相互转换也可以利用计算器的程序员功能进行转换，如图 2-10 所示。

图 2-10　计算器的程序员功能界面

8．单片机工作条件

（1）电源　一般的单片机需要从 Vcc 引脚接入 5V 电源，STC15W4K32S4 的工作电压为 2.4～5.5V。

（2）接地　GND 引脚接供电电源的地线，为 0V。

（3）复位电路　RES 引脚维持高电平时间不少于 24 个振荡周期，则单片机保持在复位状态（时钟周期 =12× 振荡周期，振荡周期 =1/f）。STC15W4K32S4 单片机可使用内部复位电路，下载程序时在下载软件中选中"复位脚用作 I/O"，则单片机不需要外部复位电路，可在上电时进行自动复位，复位后的所有与 PWM 相关的 I/O 口均为高阻态，需将这些口设置为准双向口或强推挽模式方可正常使用，除此之外其他口默认状态为准双向口，输出高电平。一般不使用单片机的内部特殊功能时，可在程序开头部位将 STC15W4K32S4 单片机所有 I/O 口设置成准双向口，设置方法如下所示：

```
P0M1=0X00;P0M0=0X00;P1M1=0X00;P1M0=0X00;P2M1=0X00;P2M0=0X00;
P3M1=0X00;P3M0=0X00;P4M1=0X00;P4M0=0X00;P5M1=0X00;P5M0=0X00;
```

STC15W4K32S4 单片机其他 I/O 模式设置方式如下，这里以 P0 口为例说明，其他口设置方式相同：

```
P0M1=0X00;P0M0=0X00;//P0 口所有 I/O 为准双向口。
P0M1=0X00;P0M0=0XFF;//P0 口所有 I/O 为强推挽输出。
P0M1=0XFF;P0M0=0X00;//P0 口所有 I/O 为高阻状态。
P0M1=0XFF;P0M0=0XFF;//P0 口所有 I/O 为开漏状态。
```

假设需要设置 P0.1 口为强推挽输出、P0.3 口为开漏状态、P0.4 口为高阻状态，其他为准双向口，则应该设置：

```
P0M1=0B00011000; 或 P0M1=0X18;
P0M0=0B00001010; 或 P0M0=0X0A;
```

（4）时钟电路　单片机是在统一时钟下工作的，所以必须有时钟电路。STC15W4K32S4 单片机内部提供高精度 *R/C* 时钟（误差 ±0.3%），常温下温漂 ±0.6%（-20～65℃），内部时钟从 5～35MHz 可设置，程序下载时在下载软件中选中"使用内部 IRC 时钟"并选择好相应的频率即可，一般选择 11.0592MHz 或 22.1184MHz。

（5）运行程序　必须给单片机下载编辑软件生成的 HEX 或 BIN 文件，单片机才能正常运行。

9. C 语言的基本语句

C 语言程序的执行部分由语句组成。C 语言提供了丰富的程序控制语句，按照程序设计的基本结构可分为顺序结构、选择结构和循环结构，由此可以组成各种复杂程序。这些语句主要包括表达式语句、复合语句、选择语句和循环语句等。

表达式语句是最基本的 C 语言语句。表达式语句由表达式加上分号";"组成，其一般形式如下：

表达式……．；

执行表达式语句就是计算表达式的值。

在 C 语言中有一个特殊的表达式语句，称为空语句。空语句中只有一个分号";"，程序执行空语句时需要占用一条指令的执行时间，但是什么也不做。在程序中常常把空语句作为循环体，用于消耗 CPU 时间等待事件发生的场合。

把多个语句用大括号"{ }"括起来，可将它们组合在一起形成具有一定功能的模块，这种由若干条语句组合而成的模块称为复合语句。在程序中应把复合语句看成是单条语句，而不是多条语句。

复合语句在程序运行时，"{ }"中的各个语句是依次顺序执行的。在 C 语言的函数中，函数体就是一个复合语句。

10. 关键指令分析

（1）#include "STC15F2K60S2.h"　对头文件"STC15F2K60S2.h"进行包含，此文件可对 STC15W4K32S4 单片机的内部资源、端口进行定义，后面程序中可以直接调用。

（2）sbit LED=P3^7　定义输出 LED 灯的端口号为 P3.7，后面程序对变量"LED"进行操作等同于对单片机 P3.7 口进行操作。

（3）P3M0=0x00 P3M1=0x00　设置 P3 口为准双向 I/O（传统 8051 模式）。

（4）while 指令

格式：

while（循环继续的条件表达式）
　　{
　　　　语句组；
　　}

while 指令用来实现"当型"循环，执行过程：首先判断循环继续的条件表达式，当循环继续的条件表达式的值为真（非 0）时，反复执行循环体中的语句组，为假（0）时执行循环体外面的语句。

假如有：

while(1)　{　语句组；　}——则无条件反复执行循环体中的语句组。

while(1);——程序执行到此处时程序进入死循环，并不进行任何操作。

while 指令执行过程如图 2-11 所示。

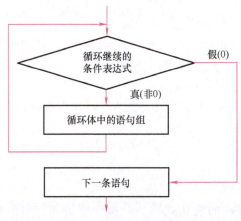

图 2-11　while 指令执行过程

（5）选择指令

1）基本 if 指令。

格式：

if（表达式）
　　{
　　　　语句组；
　　}

基本 if 指令执行过程：当表达式的结果为真时，执行其后的语句组，否则跳过该语句组，继续执行下面的语句。基本 if 指令执行过程如图 2-12 所示。

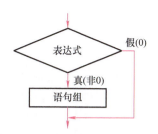

图 2-12　基本 if 指令执行过程

基本 if 指令中的表达式通常为逻辑表达式或关系表达式，也可以是任何其他的表达式或类型数据，只要表达式的值非 0 即为真。以下语句都是合法的：

if(5){……}
if(y=9){……}
if(P1_6){……}

在基本 if 指令中，表达式必须用小括号括起来。

在基本 if 指令中，大括号"{ }"里面的语句组如果只有一条语句，可以省略大括号。如"if（P2_7==0）P3_7=0;"。

2）if-else 指令。

格式：

if（表达式）
　　　{　语句组 1；　}
　else
　　　{　语句组 2；　}

if-else 指令执行过程：当表达式的结果为真时，执行其后的语句组 1，否则执行语句组 2。

3）if-else-if 指令。if-else-if 指令是由 if-else 指令组成的嵌套，用来实现多个条件分支的选择，其一般格式如下：

if（表达式 1）

```
        {语句组1;}
    else if(表达式2)
        { 语句组2;}
           ⋮
else if(表达式n)
    {语句组n;}
else
    {语句组n+1;}
```

if-else-if 指令执行过程如图 2-13 所示。

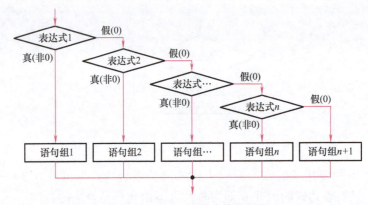

图 2-13　if-else-if指令执行过程

4）switch 指令。多分支选择的 switch 指令，其一般格式如下：

```
switch(表达式)
    {
        case 常量表达式1:语句组1;break;
        case 常量表达式2:语句组2;break;
                    ⋮
        case 常量表达式n:语句组n;break;
        default      :语句组n+1;
    }
```

该指令的执行过程是：首先计算表达式的值，并逐个与 case 后的常量表达式的值相比较，当表达式的值与某个常量表达式的值相等时，则执行对应常量表达式后的语句组，再执行 break，跳出 switch 指令的执行，继续执行下一条语句。如果表达式的值与所有 case 后的常量表达式均不相同，则执行 default 后的语句组。

5）if 指令应用举例。

```
if(KEY==0)    LED=0;    /*当KEY等于0时，表达式成立，执行if后面的
                          语句，变量LED赋0值，相应端口外接共阳极
                          LED灯点亮。*/
```

else　　　　　　LED=1;　　/*否则（KEY不等于0时），变量LED赋1值，相应端口外接共阳极LED灯不亮。*/

（6）赋值运算符　赋值运算符的作用是把某个常量或变量或表达式的值赋值给另一个变量。符号为"="。这里并不是等于的意思，只是赋值，等于用"=="表示。赋值语句左边必须是变量或寄存器，且必须先定义，常量不能出现在左边。

简单的赋值运算符：=
例如：LED=0;　　　　　　//将0赋给变量LED，此时P3.7口输出低电平，电压为零。
　　　LED=1;　　　　　　//将1赋给变量LED，此时P3.7口输出高电平，电压为5V。
　　　AD_T=0X84;　　　　//将十六进制数84赋给变量AD_T。
复合的赋值运算符：+=、-=、*=、%=、/=
例如：i+=2;　　　　　　//等价于i=i+2。
　　　a*=b+5;　　　　　//等价于a=a*(b+5)。
　　　x%=3;　　　　　　//等价于x=x%3。

（7）关系运算符　用关系运算符将两个表达式（可以是算术表达式、关系表达式、赋值表达式或逻辑表达式）连接起来的式子，称为关系表达式。关系表达式的值为逻辑值的真或假，以1代表真，以0代表假。

关系运算符：　　<　　　　<=　　　　>　　　　>=　　　　==　　　　!=
含　　义：　　小于　　小于或等于　　大于　　大于或等于　　等于　　不等于
例如：
KEY==0；//若KEY变量为0时，此表达式成立，为真；若KEY变量为1时，此表达式不成立，为假。

KEY!=0；//若KEY变量为1时，此表达式成立，为真；若KEY变量为0时，此表达式不成立，为假。

若以上表达式在if指令中，即if（KEY==0）{……}，则KEY变量为0时，表达式成立，执行"{ }"里面的语句组；若KEY变量为1时，表达式不成立，不执行"{ }"里面的语句组。

任务2-1　习题

1. 与LED串联的限流电阻，其阻值越大，LED点亮的亮度_____。
2. unsigned int定义变量时，需要使用_____B的存储空间。
3. 定义变量时将变量命名为"09PT"，是否正确？请说明理由。
4. 将十进制数78转换成二进制数为_____。将十六进制数9E转换成二进制数为_____。
5. 请解释指令"while（1）"的功能。
6. 程序执行"if（y=1）x=8;"后，x=_____，y=_____。

实操 2-1　汽车前照灯控制学习工单

项目 2	汽车灯光控制	任务 2-1	汽车前照灯控制	学时	2
姓名		学号		班级		日期	
团队成员	
任务要求	基本任务：按下按钮 S1，L2 和 L3 同时点亮，松开按钮 S1 时，L2 和 L3 同时熄灭；按下按钮 S2，L2、L3、L4 同时点亮，松开按钮 S2 时，L2、L3 和 L4 同时熄灭。 拓展任务：模拟实现汽车雾灯控制，设计成按下按钮 S1 前雾灯点亮、按下按钮 S2 前后雾灯同时点亮，松开按钮 S2 后雾灯熄灭，松开按钮 S1 前后雾灯同时熄灭。注意，按钮 S2 只有在按钮 S1 按下不松开的情况下才有效。

1. 电路设计

2. 程序思路

3. 基本任务功能测试

1）检查电路连接是否正确：　　　　　　　　　　　　　　　　　是□　否□
2）检查程序下载器是否连接正常：　　　　　　　　　　　　　　是□　否□
3）下载程序到目标板是否完成：　　　　　　　　　　　　　　　是□　否□
4）按下按钮 S1，L2、L3 是否同时点亮：　　　　　　　　　　　是□　否□
5）松开按钮 S1，L2、L3 是否同时熄灭：　　　　　　　　　　　是□　否□
6）按下按钮 S2，L2、L3、L4 是否同时点亮：　　　　　　　　　是□　否□
7）松开按钮 S2，L2、L3、L4 是否同时熄灭：　　　　　　　　　是□　否□

4. 拓展任务功能测试

1）按下按钮 S1，前雾灯是否点亮：　　　　　　　　　　　　　是□　否□
2）在第 1）步的基础上按下按钮 S2，后雾灯是否点亮：　　　　是□　否□
3）在第 2）步的基础下松开按钮 S2，后雾灯是否熄灭：　　　　是□　否□
4）在第 2）步的基础上松开按钮 S1，前后雾灯是否同时熄灭：　是□　否□
5）在第 1）步的基础上松开按钮 S1，前雾灯是否熄灭：　　　　是□　否□
6）S1 不按下时按下按钮 S2，后雾灯是否点亮：　　　　　　　　是□　否□

项目2 汽车灯光控制

（续）

5. 检查展示
1）小组成员自查和互查，进行补充完善。
2）各小组推荐优秀作品进行展示解说。
6. 总结评价

序号	评价项目	配分	自评分	组长评分	教师评分	企业评分	备注
1	电路设计	15					
2	程序思路	20					
3	基本任务	20					
4	拓展任务	15					
5	检查展示	10					
6	劳动纪律	5					
7	积极主动	5					
8	工匠精神	5					
9	贡献大小	5					
	合计	100					

综合得分 = 自评分 ×10%+ 组长评分 ×20%+ 教师评分 ×40%+ 企业评分 ×30%=

7. 反思

 任务 2-2 汽车转向灯控制

 目的与要求

通过单片机控制，使相应的 LED 灯在对应的按钮按下时闪亮；在按钮松开时熄灭。由此了解 C 语言的程序设计、延时程序应用等。

设计要求：当连接到单片机 P5.5 口的按钮 S1 按下时，通过单片机检测并控制连接到 P3.7 口的 LED 灯 L2 闪亮，按钮 S1 松开时 L2 熄灭；当连接到单片机 P3.2 口的按钮 S2 按下时，通过单片机检测并控制连接到 P3.6 口的 LED 灯 L3 闪亮，按钮 S2 松开时 L3 熄灭。

1. 电路设计

汽车转向灯控制的仿真电路如图 2-14 所示。

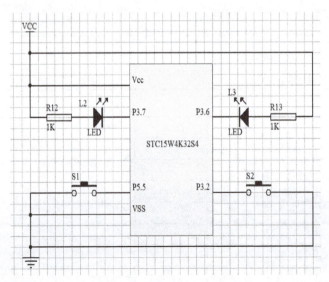

图 2-14 汽车转向灯控制的仿真电路

单片机 P5.5 口、P3.2 口在复位后一直处于高电平状态,当 S1、S2 按下后,P5.5 口、P3.2 口处于低电平状态。程序检测 P5.5 口、P3.2 口是否为低电平,即可知道 S1 或者 S2 是否被按下。

LED 灯回路中的电阻 R_{12}、R_{13} 为限流电阻,阻值的大小可以决定 LED 灯的发光亮度,一般取 1000Ω 电阻,图 2-14 中 LED 灯的控制方式为 P3.7 口、P3.6 口输出高电平时灯不亮,P3.7 口、P3.6 口输出低电平时灯点亮。

2. 源程序设计(见图 2-15)

```
1  //程序: 2-2.c
2  #include "STC15F2K60S2.h"   // 包含头文件 STC15F2K60S2.h
3  #include <intrins.h>
4  sbit LED1=P3^7;              // 定义LED灯为 P3.7口
5  sbit LED2=P3^6;
6  sbit K_R=P5^5;               // 定义按钮为 P5.5口
7  sbit K_L=P3^2;
8  void Delay1ms()    //@11.0592MHz
9  { unsigned char i, j;
10   _nop_(); _nop_(); _nop_();
11   i = 11; j = 190;
12   do { while (--j); }
13   while (--i);
14  }
15  void main()         // 主函数
16  {
17   unsigned int x;
18   P3M0=0x00;         // 设置P3为准双向I/O(传统51模式)
19   P3M1=0x00;         // 设置P3为准双向I/O(传统51模式)
20   P5M0=0x00;         // 设置P5为准双向I/O(传统51模式)
21   P5M1=0x00;
22   while(1)           // while循环指令
23   {
24    LED1=K_R;         // 将按钮信息赋值给输出端口
25    LED2=K_L;         // 将按钮信息赋值给输出端口
26    for(x=0;x<1000;x++) Delay1ms();  // 延时约1s
27    LED1=1;           // 熄灭LED灯
28    LED2=1;           // 熄灭LED灯
29    for(x=0;x<1000;x++) Delay1ms();  // 延时约1s
30   }
31  }
```

图 2-15 汽车转向灯控制的源程序

项目 2 汽车灯光控制

相关知识

1. 程序设计思路

根据电路设计分析,确定程序设计思路为:

单片机检测 P5.5 口(S1)是否为低电平,若为低电平则将 P5.5 口的值直接赋给 P3.7 口,输出低电平,使 LED 灯 L2 点亮并延时保持约 1s,然后将 P3.7 口置高电平,使 LED 灯 L2 熄灭并延时保持约 1s,以此循环,则在 S1 按下后 LED 灯 L2 闪亮。

单片机检测 P3.2 口(S2)是否为低电平,若为低电平则将 P3.2 口的值直接赋给 P3.6 口,输出低电平,使 LED 灯 L3 点亮并延时保持约 1s,然后将 P3.6 口置高电平,使 LED 灯 L3 熄灭并延时保持约 1s,以此循环,则在 S2 按下后 LED 灯 L3 闪亮。

程序设计流程图如图 2-16 所示。

2. 关键指令分析

(1) for 指令

for 指令的一般形式:

for(循环变量赋初值;循环继续条件;循环变量增值)
  { 循环体语句组; }

for 指令执行流程如图 2-17 所示。

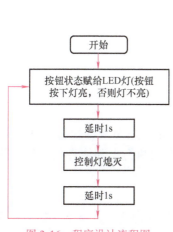

图 2-16 程序设计流程图

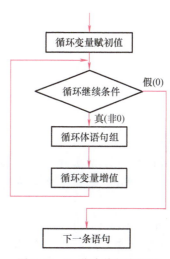

图 2-17 for 指令执行流程图

for 指令应用举例:

for(i=0;i<10;i++) {y=y+i;}

分析:

i=0 时,满足 i<10 的条件,执行循环体语句组 y=y+i,完成后执行 i++,此时 i=1,y=0。

i=1 时，满足 i<10 的条件，执行循环体语句组 y=y+i，完成后执行 i++，此时 i=2，y=1。

i=2 时，满足 i<10 的条件，执行循环体语句组 y=y+i，完成后执行 i++，此时 i=3，y=3。

i=3 时，满足 i<10 的条件，执行循环体语句组 y=y+i，完成后执行 i++，此时 i=4，y=6。

i=4 时，满足 i<10 的条件，执行循环体语句组 y=y+i，完成后执行 i++，此时 i=5，y=10。

i=5 时，满足 i<10 的条件，执行循环体语句组 y=y+i，完成后执行 i++，此时 i=6，y=15。

i=6 时，满足 i<10 的条件，执行循环体语句组 y=y+i，完成后执行 i++，此时 i=7，y=21。

i=7 时，满足 i<10 的条件，执行循环体语句组 y=y+i，完成后执行 i++，此时 i=8，y=28。

i=8 时，满足 i<10 的条件，执行循环体语句组 y=y+i，完成后执行 i++，此时 i=9，y=36。

i=9 时，满足 i<10 的条件，执行循环体语句组 y=y+i，完成后执行 i++，此时 i=10，y=45。

i=10 时，不满足 i<10 的条件，不再执行循环体语句组，跳出 for 循环，执行后面语句。

（2）do while 指令

格式：

```
do
{
    循环体语句组；
} while（循环继续条件）；
```

do-while 指令用来实现"直到型"循环。执行过程：先无条件执行一次循环体，然后判断条件表达式，当表达式的值为真（非 0）时，返回执行循环体直到条件表达式为假（0）为止。

（3）unsigned int i, j

该指令定义变量"i""j"为无符号整型，取值范围为 0～65535，双字节存储，单片机程序设计过程中常见的变量定义还有以下几种形式：

unsigned int i=5, j=100；——定义变量的同时给变量赋初值 i=5，j=100，程序在后面执行时 i 和 j 的值即为 5 和 100。如果在定义时不赋初值，初值为 0。

unsigned char i；——定义变量 i 为无符号字符型，取值范围为 0～255，单字节存储。

unsigned long i；——定义变量 i 为无符号长整型，取值范围为 0～4294967295，四字节存储。

bit i；——定义变量 i 为位变量，取值范围为 0 或 1。

注意：变量定义后，使用时不能超出范围。有些指令在编译时软件并不会报错，但是程序执行时则会出现错误结果。

例如：

unsigned char i;
if(i>300){LED=0;}

此时 i 变量的取值范围是 0～255，是永远不可能超过 255 的，所以 if 指令中的表达式永远不会成立，那么 if 后面的语句在此程序中永远无法执行。

又例如：

unsigned char i,k;
for(i=0;i<300;i++){k=k+i;}

此时 i 变量的取值范围为 0～255，若 i 等于 255 后再执行 i++ 时，也就是 255+1=256，存放结果需要两个存储空间，低 8 位存放 00，高 8 位存放 01（将高 8 位和低 8 位组合起来就是 256），而实际上变量 i 只定义了一个存储空间，只能存放低 8 位数据，此时高 8 位数据在程序执行时被自动放弃，所以变量 i 永远小于 255，循环条件"i<300"永远满足，则程序永远执行 for 循环，无法跳出 for 循环。

3. 算术运算符

+（加法运算）　　　　　　－（减法运算）
*（乘法运算符）　　　　　／（除法运算符）
%（求余运算符，或称模运算符）如：4 % 2 = 0

两个整数相除的结果为整数，如 8/5 的结果为 1，会舍去小数部分。如果参加运算的两个数中有一个数为实数，则结果是实型的。求余运算要求 % 两侧都是整数。

4. 自增、自减运算

自增运算符为"++"，自减运算符为"--"。

（1）前置运算

++ 变量；
-- 变量；

即先增减、后运算。

（2）后置运算

变量 ++；
变量 --；

即先运算、后增减。

例如：

```
unsigned int x=6,y,z,m,n;
y=++x;      //执行此行语句后,y=7,x=7。
z=x--;      //执行此行语句后,z=7,x=6。
m=y/z;      //执行此行语句后,m=1。
n=z%x;      //执行此行语句后,n=1。
```

5. 逻辑运算符

!　　　（逻辑非）&&（逻辑与）　　　||　　（逻辑或）

注意：逻辑运算符与位操作运算符是有区别的。逻辑运算符可将一个或多个表达式连接起来，进行逻辑运算。

假设有 a=1，b=2，c=3，x=4，y=3，则下列各个表达式的值均为 0：

a+b>c&&b==c

!(x=a)&&(y=c)

6. 运算优先级

运算优先级见表 2-2。

表 2-2　运算优先级

运算类型	运算符	优先级	结合性
括号运算符	( )	1	从左至右
逻辑非和按位取反	! ~	2	从右至左
算术运算	*/%	3	从左至右
	+ -	4	从左至右
左移、右移运算	<< >>	5	从左至右
关系运算	< <= > >=	6	从左至右
	== !=	7	从左至右
位运算	&	8	从左至右
	^	9	从左至右
	|	10	从左至右
逻辑与	&&	11	从左至右
逻辑或	||	12	从左至右
赋值运算与复合赋值运算	=、+=、-=、*=、/=、%=、&=、^=、|=、<<=、>>=	13	从右至左

例如：

x<y&& m<n；等效于 (x<y)&&(m<n)；

a= =b || c= =d；等效于 (a= =b)||(c= =d)；

!a && b>c；等效于 (!a)&&(b>c)；

7. 位运算

（1）与运算

按位与运算符：&

格式：x&y；

规则：对应位均为1时才为1，否则为0。

例如：i=i&0x0f；　　　　// 若i=0x38，执行本语句后i=0x08。

主要用途：取（或保留）1个数的某（些）位，其余各位置0。

（2）或运算

按位或运算符：|

格式：x|y；

规则：对应位均为0时才为0，否则为1。

例如：i=i|0x0f；　　　　// 若i=0x38，执行本语句后i=0x3f。

主要用途：将1个数的某（些）位置1，其余各位不变。

（3）异或运算

按位异或运算符：^

格式：x^y；

规则：对应位相同时为0，不同时为1。

例如：i=i^0x0f；　　　　// 若i=0x38，执行本语句后i=0x37。

主要用途：使1个数的某（些）位翻转（即原来为1的位变为0，为0的变为1），其余各位不变。

（4）按位取反运算

按位取反运算符：~

格式：~x；

规则：各位翻转，即原来为1的位变成0，原来为0的位变成1。

例如：i=~i；　　　　　　// 若i=0x38，执行本语句后i=0xC7。

主要用途：间接地构造一个数，以增强程序的可移植性。

8. 移位运算

（1）左移运算符"<<"

功能：把"<<"左边的操作数的各二进制位全部左移若干位，移动的位数由"<<"右边的常数指定，操作数的高位丢弃，低位补0。

例如：a<<4；本语句可把a的各二进制位向左移动4位。如a=00000011B，左移4位后为00110000B。

（2）右移运算符">>"

功能：把">>"左边的操作数的各二进制位全部右移若干位，移动的位数由">>"右边的常数指定。进行右移运算时，如果操作数是无符号数，则总是在其左端补"0"。

例如：>>4；　　　　　　// 本语句可把a的各二进制位向右移动4位。如a=01100011B，
　　　　　　　　　　　　右移4位后为00000110B。

9. 空指令

格式：_nop_();

空指令包括在库函数 intrins.h 中，表示空循环一个机器指令的时间，一个 _nop_()；函数延时一个机器周期的时间。具体要通过指令周期和晶振来看：如使用 8051 12M 晶振时一个机器指令的时间约 1μs。

注意：要运行空指令，在程序开头时应当包含头文件 intrins.h，具体为：#include <intrins.h>。

10. 延时程序

（1）延时意义　为了便于观察程序的执行情况与单片机的工作状态，需要加入延时，例如一个指示灯的亮灭，如果不加入延时是看不出来的，又例如键盘去抖动，一般键盘上的按键在按下时会有 20ms 左右的抖动，为了更好地防止抖动的干扰，也需要延时一段时间再判断按键是否真被按下。

（2）取得方法　STC 单片机下载软件提供了适用于 STC 单片机的精准延时程序计算器，只需要输入单片机系统的工作频率、需要精确延时的时间、选好指令集（选择时应注意右上角的信息窗口有无需要应用的单片机型号），单击"生成 C 代码"按钮，即可产生用户所需要的 C 语言精确延时程序，且可以直接复制到程序中进行函数调用，如图 2-18 所示。

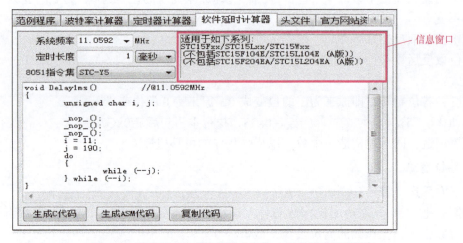

图 2-18　精准延时程序计算器产生的 C 语言精确延时程序

（3）通用延时程序　通用延时程序是指在调用该程序的函数时，带上相应的参数即可获得不同的延时时间。传统 8051 单片机选用晶振为 22.1184MHz，其延时 1ms 的程序如下所示：

```
void delayms(unsigned int t)
    {unsigned int i,j;
    for(i=0;i<t;i++)
```

项目 2　汽车灯光控制

```
        for(j=0;j<240;j++);
    }
```

注意：若选用 11.0592MHz 的晶振，只需改成 j<120 即可。此外，由于 STC1T 单片机的执行速度比较快，因此上述程序在 STC1T 单片机中执行时实际延时会小于 1ms，具体延时时间需要根据不同的 STC 单片机型号进行相应的调试。

上述函数在程序中调用格式为：

```
delayms(1);        //延时 1ms "()" 里面的数字 1 传递给函数参数 t。
delayms(1000);     //延时 1s "()" 内取值范围由变量 t 的数据类型决
                   定，上述程序中 t 的取值最大为 65535，如果这里
                   写成 "delayms(70000);"，程序运行中会一直在
                   delayms 函数里循环，失去意义。
```

任务 2-2　习题

1. 5V 供电的单片机系统在上电复位后，各 I/O 口的电压为_____V。
2. 变量 y 的初始值为 0，若程序执行 "for（i=0；i<=10；i+2）{y=y+i；}" 后，y=_____。
3. 变量 y 的初始值为 0x67，若程序执行 "y=～y;" 后，y=_____。
4. 变量 y 的值为 0x49，现需要取出 "4" 赋值给变量 t，则执行程序为 t=_____。

实操 2-2　汽车转向灯控制学习工单

项目 2	汽车灯光控制		任务 2-2	汽车转向灯控制	学时	2
姓名		学号		班级	日期	
团队成员						
任务要求	基本任务： 1）按下 S1，L1 到 L6 循环点亮，形成流水跑马灯效果。 2）按下 S2，模拟警告效果。 拓展任务：模拟交通信号灯运行。					

39

（续）

1. 电路设计

2. 程序思路

3. 基本任务功能测试	
1）检查电路连接是否正确：	是□ 否□
2）检查程序下载器是否连接正常：	是□ 否□
3）下载程序到目标板是否完成：	是□ 否□
4）按下 S1，是否 L2～L6 循环点亮：	是□ 否□
5）松开 S1，L2～L6 是否灭：	是□ 否□
6）按下 S2，是否左边 3 灯闪 3 下、右边 3 灯闪 3 下、同时闪 6 下：	是□ 否□
7）松开 S2，L2～L6 是否灭：	是□ 否□
4. 拓展任务功能测试	
1）南北红、东西绿 10s：	是□ 否□
2）南北红、东西黄 3s：	是□ 否□
3）南北绿、东西红 10s：	是□ 否□
4）南北黄、东西红 3s：	是□ 否□
5. 检查展示	
1）小组成员自查和互查，进行补充完善。	
2）各小组推荐优秀作品进行展示解说。	

（续）

6. 总结评价

序号	评价项目	配分	自评分	组长评分	教师评分	企业评分	备注
1	电路设计	15					
2	程序思路	20					
3	基本任务	20					
4	拓展任务	15					
5	检查展示	10					
6	劳动纪律	5					
7	积极主动	5					
8	工匠精神	5					
9	贡献大小	5					
	合计	100					

综合得分 = 自评分 ×10%+ 组长评分 ×20%+ 教师评分 ×40%+ 企业评分 ×30%=

7. 反思

 任务 2-3 汽车点阵显示控制

目的与要求

通过单片机控制，应用 74HC595 串行转并行芯片，对单片机 I/O 口进行扩展，用来驱动 8×8 双色 LED 点阵显示器显示相应的图形。以此了解单片机 I/O 扩展方法、8×8 双色 LED 点阵显示器控制方法等。

设计要求：在双色 LED 点阵显示器上显示红色箭头 2s 后再显示绿色箭头 2s，以此循环显示。

1. 电路设计

汽车点阵显示控制的仿真电路如图 2-19 所示。

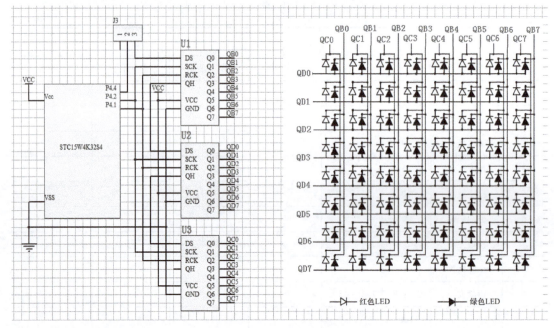

图 2-19 汽车点阵显示控制的仿真电路

单片机 P4.4 口接入 J3 跳线口, 再接入 U1 (74HC595) 的串行数据口, U1 的进位口 QH 与 U2 的数据口相连, U2 的进位口 QH 与 U3 的数据口相连, 形成 3 个 74HC595 芯片串联的结构, 也就是说在 U1 的数据口需要输入 24 位数据才能完成本结构的串并转换。单片机 P4.2 口接入所有 74HC595 芯片的时钟脉冲 (SCK) 口, 单片机 P4.1 口接入所有 74HC595 芯片的时钟脉冲 (RCK) 口。U1 的输出口接双色 LED 点阵显示器绿色 LED 的阴极, U3 的输出口接双色 LED 点阵显示器红色 LED 的阴极, U2 的输出口接双色 LED 点阵显示器 LED 的公共阳极端口。

双色 LED 点阵显示器工作时, 若阴极接低电平、阳极接高电平则点亮相应接口的 LED, 否则 LED 不亮。

2. 源程序设计（见图 2-20）

```
1  //程序: 2-3.c
2  #include "STC15F2K60S2.h"    // 包含头文件 STC15F2K60S2.h
3  sbit DIO =P4^4;              //串行数据输入
4  sbit RCLK=P4^1;              //锁存输出
5  sbit SCLK=P4^2;              //时钟信号
6  unsigned char dat1[8]={0x00,0x3F,0x5F,0x6F,0x77,0x7B,0x7D,0x7E};//箭头标志
7  void HC595_OUT(unsigned char X)  //74HC595驱动函数
8  { unsigned char i;
9    for(i=8;i>=1;i--)           //将8位发送数据转换成串行数据送入74HC595芯片数据口
10   {
11     if ((X&0x80)==0x80) DIO=1;  //先发高位, 判最高位是否为1, 为1则数据口置1
12     else DIO=0;                  //否则数据口置0
13     X<<=1;                       //待发数据整体向左移1位
14     SCLK = 0;                    //时钟信号置0
15     SCLK = 1;                    //时钟信号置1, 将1位待发的串行数据移入74HC595芯片对应并行口
16   }
17 }
```

图 2-20 汽车点阵显示控制的源程序

```
18  void delay(unsigned int x)    //延时程序
19  {unsigned int i,j;
20    for(i=x;i>0;i--)
21    { for(j=240;j>0;j--); }
22  }
23  void main()                    //主函数
24  {unsigned char j,i,ds=0x01;    //定义8位数据变量j,i,ds,并将ds赋初始值0x01
25   P4M0=0x00;P4M1=0x00;          //设置P4为准双向I/O(传统51模式)
26   while(1)
27   {for(j=0;j<100;j++)           //红色图形扫描100次,约2s
28    { ds=0x01;                   //ds为LED点阵显示器行扫描控制变量,接入LED点阵显示器阳极
29      for(i=0;i<8;i++)           //扫描8次,完成一幅图形扫描
30      {
31        HC595_OUT(dat1[i]);      //发送红色LED点阵显示器阴极列数据
32        HC595_OUT(ds);           //发送LED点阵显示器阳极行数据
33        HC595_OUT(0xFF);         //发送绿色LED点阵显示器阴极列数据,0xFF为关闭本行全部显示
34        RCLK = 0;RCLK = 0;       //锁存脚置0
35        RCLK = 1;RCLK = 1;       //锁存脚置1,将所有74HC595并行口上的数据允许输出,并锁存住
36        delay(10);               //适当延时,以避免快速扫描显示不足
37        ds=ds<<1;                //向左移位
38      }
39    }
40    for(j=0;j<100;j++)           //绿色图形扫描100次,约2s
41    { ds=0x01;                   //ds为LED点阵显示器行扫描控制变量,接入LED点阵显示器列阳极
42      for(i=0;i<8;i++)           //扫描8次,完成一幅图形扫描
43      {
44        HC595_OUT(0xFF);         //发送红色LED点阵显示器阴极列数据,0xFF为关闭本行全部显示
45        HC595_OUT(ds);           //发送LED点阵显示器阳极行数据
46        HC595_OUT(dat1[i]);      //发送绿色LED点阵显示器阴极列数据
47        RCLK = 0;RCLK = 0;       //锁存脚置0
48        RCLK = 1;RCLK = 1;       //锁存脚置1,将所有74HC595并行口上的数据允许输出,并锁存住
49        delay(10);               //适当延时,以避免快速扫描显示不足
50        ds=ds<<1;                //向左移位
51      }
52  }}}
```

图2-20　汽车点阵显示控制的源程序（续）

相关知识

1. 74HC595

（1）74HC595的引脚图　74HC595的引脚图如图2-21所示。

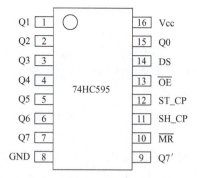

图2-21　74HC595的引脚图

（2）使用方法

1）74HC595的数据端。

① Q0～Q7：8位并行输出端，可以直接控制数码管的8个段。

② Q7′：级联输出端。将它接下一个74HC595的DS端。

③ DS：串行数据输入端，级联时接上一级的 Q7′。

2）74HC595 的控制端。

① $\overline{MR}$（引脚 10）：低电平时将移位寄存器的数据清零。通常接到 Vcc 防止数据清零。

② SH_CP（引脚 11）：上升沿时使数据寄存器的数据移位，即 Q0 → Q1 → Q2 → Q3 →…→ Q7；下降沿时使移位寄存器的数据不变（脉冲宽度在电压为 5V 时大于几十纳秒就可以，通常选微秒级）。

③ ST_CP（引脚 12）：上升沿时移位寄存器的数据进入数据存储寄存器，下降沿时存储寄存器数据不变。通常我将 ST_CP 置为低电平，当移位结束后，在 ST_CP 端产生一个正脉冲（5V 时，大于几十纳秒就行，通常选微秒级），更新显示数据。

④ $\overline{OE}$（引脚 13）：高电平时禁止输出（高阻态）。如果单片机的引脚不紧张，可用一个引脚控制它，这样就能方便地产生闪烁和熄灭效果，比通过数据端移位控制要省时省力。

3）74HC595 具体使用的步骤。

① 目的：将要准备输入的位数据移入 74HC595 数据输入端上。

方法：将送位数据送到 74HC595。

② 目的：将位数据逐位移入 74HC595，即数据串入。

方法：SH_CP 产生一上升沿，将 DS 上的数据移入 74HC595 的移位寄存器中，先送高位，后送低位。

③ 目的：并行输出数据，即数据并出。

方法：ST_CP 产生一上升沿，将由 DS 上已移入数据寄存器中的数据送入到输出锁存器。

2. LED 点阵显示器

（1）8×8 单色 LED 点阵显示器工作原理　8×8 单色 LED 点阵显示器共需要 64 个 LED，且每个 LED 放置在行线和列线的交叉点上，LED 的阳极接行线，阴极接列线，当某一行置高电平、某一列置低电平时，交叉点的 LED 点亮，其他 LED 不亮。

（2）外观与引脚图　8×8 单色 LED 点阵显示器外观与引脚图如图 2-22 所示。

（3）8×8 单色 LED 点阵显示器显示图形　显示效果如图 2-23 所示。

具体显示控制步骤如图 2-24 所示。

（4）8×8 双色 LED 点阵显示器　双色 LED 点阵显示器与单色 LED 点阵显示器的连接方式相似，每个阵列点分布 2 个 LED 灯（红色和绿色），将每一行所有 LED 灯阳极并联，形成 8 行阳极控制端。将每一列的红色 LED 灯的阴极并联，形成 8 列红色 LED 灯的阴极控制端，将每一列的绿色 LED 灯的阴极并联，形成 8 列绿色 LED 灯的阴极控制端，程序设计方法与单色控制时一样，设计时将红色和绿色分开进行设计。若不用某种颜色显示只需要将某种颜色的阴极置高电平即可。

0 D F 3 A 1 G H
8×8单色LED点阵显示器焊接面引脚
2 5 E 7 C B 6 4

a) b)

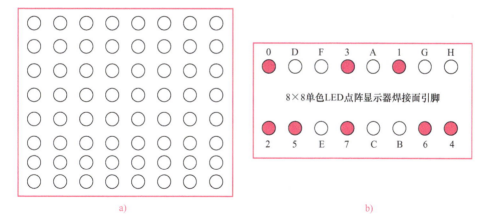

图 2-22 8×8 单色 LED 点阵显示器外观与引脚图

a）外观 b）引脚图

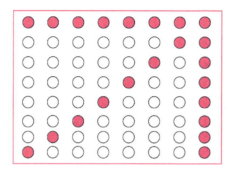

图 2-23 显示效果图

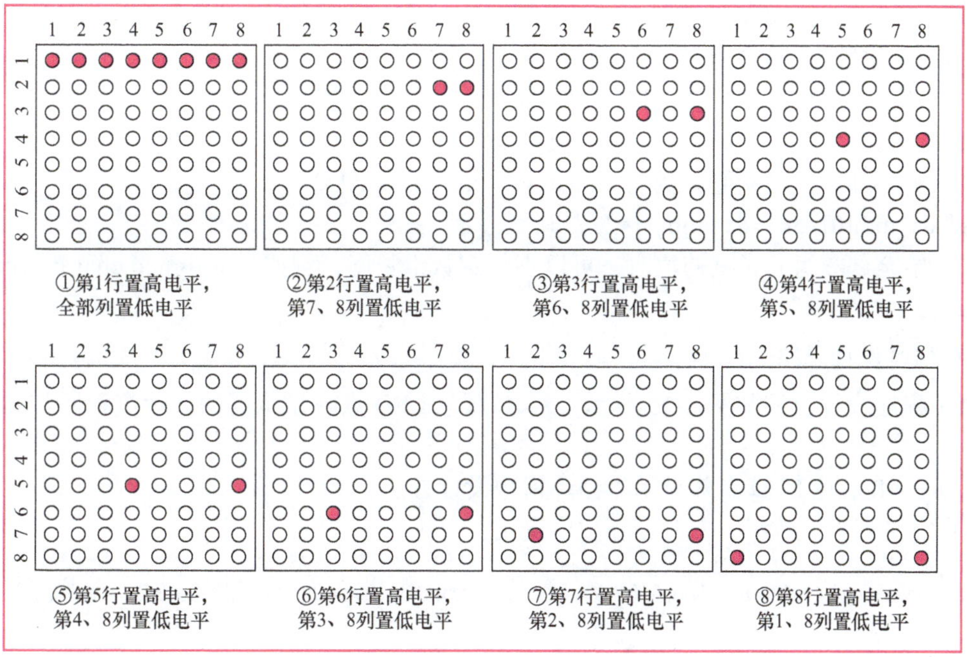

①第1行置高电平，
全部列置低电平
②第2行置高电平，
第7、8列置低电平
③第3行置高电平，
第6、8列置低电平
④第4行置高电平，
第5、8列置低电平
⑤第5行置高电平，
第4、8列置低电平
⑥第6行置高电平，
第3、8列置低电平
⑦第7行置高电平，
第2、8列置低电平
⑧第8行置高电平，
第1、8列置低电平

图 2-24 具体显示控制步骤

3. 数组

（1）数组的基本特点

1）构造类型数据由基本类型数据按照一定规则组成。

2）数组是有序数据的集合，数组中的每一个元素都属于同一个数据类型，用一个统一的数组名和下角标来唯一地确定数组中的元素。

3）应用场合：需要处理的数据为数量已知的若干相同类型的数据时。

注意：先定义，后使用。

（2）一维数组的定义

一般格式：类型标识符　数组名 [常量表达式];

例如：unsigned char ds_nub[10];

说明：

数组名——数组名中存放的是一个地址常量，它代表整个数组的首地址。同一数组中的所有元素，按其下角标的顺序占用一段连续的存储单元。

常量表达式——常量表达式可以是常量或符号常量，表示数组元素的个数（也称数组长度）。不允许对数组大小做动态定义。

例如：ds_nub[10] 由 ds_nub[0]，ds_nub[1]，…ds_nub[9] 十个元素组成。

（3）一维数组的引用

一维数组的引用方式如下：

ds_nub[1] = 12；ds_nub[4] = 46；ds_nub[9] = 90；

注意：数组下角标不能越界。

一个数组元素具有和相同类型的单个变量一样的属性，可以对它赋值和参与各种运算。

（4）一维数组的初始化

一般格式：数据类型　数组名 [常量表达式] = { 初值表 }

1）定义时赋初值，例如：unsigned char ds_nub[3]={0x78，0x89，67};

2）给一部分元素赋值，例如：unsigned char ds_nub[5]={56，23};

即 ds_nub[0]=56；ds_nub[1]=23；其他为零。

3）给全部数组元素赋初值时，可以不指定数组长度，例如：unsigned char ds_nub[ ]={1，2，3，4，5};

4. 程序设计思路

1）程序设计流程如图 2-25 所示，8×8 双色 LED 点阵显示器的显示流程图如图 2-26 所示。

2）8×8 双色 LED 点阵显示器循环指令设计方法。

①定义列显示数组，方便循环程序调用：

unsigned char dat1[8]={0x00,0xC0,0xA0,0x90,0x88,0x84,0x82,0x81};

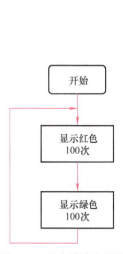

图 2-25　程序设计流程图

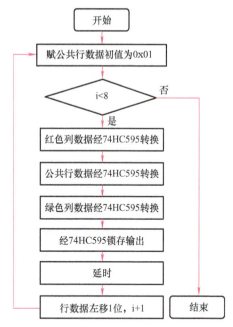

图 2-26　8×8 双色 LED 点阵显示器的显示流程图

② 赋公共行数据初值：

```
ds=0x01;              //ds 为 LED 点阵显示器行扫描控制变量，接入 LED
                      //点阵显示器阳极
```

3）判断 i 是否小于 8，执行 8 次，依次选中 LED 点阵显示器的 1～8 行：

```
for(i=0;i<8;i++)      // 扫描 8 次，完成一幅图形扫描
```

4）红色列数据经 74HC595 转换：

```
HC595_OUT(～dat1[i]);  // 发送红色 LED 点阵显示器阴极列数据
```

5）公共行数据经 74HC595 转换：

```
HC595_OUT(ds);         // 发送 LED 点阵显示器阳极行数据
```

6）绿色列数据经 74HC595 转换：

```
HC595_OUT(0xFF);       // 发送绿色列数据，0xFF 为关闭本列全部显示
```

7）74HC595 锁存输出，因 STC 单片机为 1T 单片机，故重复 1 次操作，以确保器件响应指令操作功能：

```
RCLK = 0;RCLK = 0;     // 锁存脚置 0
RCLK = 1;RCLK = 1;     // 锁存脚置 1，将所有 74HC595 并行口上的数据允
                       //   许输出，并锁存
```

8）延时：

```
delay(10);                    // 适当延时，以避免快速扫描显示不足
```

9）行数据左移一位：

```
ds=ds<<1;                     // 向左移位
```

任务 2-3　习题

1. 74HC595 引脚 14 的功能为_____。
2. 当 74HC595 的锁存引脚与单片机控制引脚断路，会出现_____现象。
3. 定义数组 unsigned char ds_nub[5]={1, 2, 3, 4, 5}，那么 ds_nub[3]=_____。
4. 对 LED 点阵显示器操作时有"x=0x01；y=0x00；delay（10）；"，其中延时函数的功能为_____。

实操 2-3　汽车点阵显示控制学习工单

项目 2	汽车灯光控制	任务 2-3	汽车点阵显示控制	学时	2
姓名		学号		班级		日期	
团队成员	
任务要求	基本任务：按下 S1 显示红色数字"1"，按下 S2 显示绿色箭头。 拓展任务：循环显示 0～2 的 3 个红色数字和 3～5 的 3 个绿色数字。

1. 电路设计

项目 2　汽车灯光控制

（续）

2. 程序思路

3. 基本任务功能测试
1）检查电路连接是否正确：　　　　　　　　　　　　　　　　是□　否□
2）检查程序下载器是否连接正常：　　　　　　　　　　　　　是□　否□
3）下载程序到目标板是否完成：　　　　　　　　　　　　　　是□　否□
4）按下 S1，红色箭头是否亮：　　　　　　　　　　　　　　　是□　否□
5）松开 S1，红色箭头是否灭：　　　　　　　　　　　　　　　是□　否□
6）按下 S2，绿色箭头是否亮：　　　　　　　　　　　　　　　是□　否□
7）松开 S2，绿色箭头是否灭：　　　　　　　　　　　　　　　是□　否□

4. 拓展任务功能测试
1）是否显示红色数字"0"：　　　　　　　　　　　　　　　　是□　否□
2）是否显示红色数字"1"：　　　　　　　　　　　　　　　　是□　否□
3）是否显示红色数字"2"：　　　　　　　　　　　　　　　　是□　否□
4）是否显示绿色数字"3"：　　　　　　　　　　　　　　　　是□　否□
5）是否显示绿色数字"4"：　　　　　　　　　　　　　　　　是□　否□
6）是否显示绿色数字"5"：　　　　　　　　　　　　　　　　是□　否□

5. 检查展示
1）小组成员自查和互查，进行补充完善。
2）各小组推荐优秀作品进行展示解说。

6. 总结评价

序号	评价项目	配分	自评分	组长评分	教师评分	企业评分	备注
1	电路设计	15					
2	程序思路	20					
3	基本任务	20					
4	拓展任务	15					
5	检查展示	10					
6	劳动纪律	5					
7	积极主动	5					
8	工匠精神	5					
9	贡献大小	5					
	合计	100					

综合得分 = 自评分 ×10%+ 组长评分 ×20%+ 教师评分 ×40%+ 企业评分 ×30%=　　　　

7. 反思

项目 2 测评

序号	测评内容	是否具备该项能力	存在的主要问题
1	能编制程序检测输入状态	是□ 否□	
2	能编制程序控制输出状态	是□ 否□	
3	能编制程序驱动 74HC595	是□ 否□	
4	能编制程序驱动双色 LED 点阵显示器	是□ 否□	

项目 3
汽车电动机控制

本项目以汽车玻璃升降控制、汽车刮水器控制、汽车蜂鸣器控制和汽车舵机控制为实例,介绍单片机定时中断功能、PWM 调速控制、电动机控制、舵机控制等知识,通过对单片机学习开发板 TT3 的实践操作,掌握单片机在电动机控制方面的编程技巧。

知识目标

1)能描述单片机定时中断编程方法。
2)能描述直流电动机 PWM 调速的应用方法。
3)能描述汽车舵机控制方法。
4)能描述汽车蜂鸣器控制方法。

技能目标

1)能编制汽车玻璃升降控制程序。
2)能编制汽车刮水器控制程序。
3)能编制汽车蜂鸣器控制程序。
4)能编制汽车舵机控制程序。

任务 3-1 汽车玻璃升降控制

目的与要求

通过单片机控制,在相应的按钮按下时,电动机能正转或反转,相应的 LED 灯可指示电动机转动方向,以此来模拟汽车玻璃的上升和下降。

设计要求:S1 按下时,电动机正转、L2 点亮;S1 松开时,电动机停转、L2 熄灭;S2 按下时,电动机反转、L3 点亮;S2 松开时,电动机停转、L3 熄灭。

1. 电路设计

汽车玻璃升降控制的仿真电路如图 3-1 所示。

S1 接单片机 P5.5 口，S2 接单片机 P3.2 口。LED 灯 L2 接单片机 P3.7 口，LED 灯 L3 接单片机 P3.6 口，RZ7886 芯片的 1 脚接单片机 P2.4 口，RZ7886 芯片的 2 脚接单片机 P2.5 口，RZ7886 芯片的 Vdd 电源接 12V 电压，输出接驱动电流在 7A 以下的直流电动机。通过对 P2.4 口和 P2.5 口的不同组合控制直流电动机的正转、反转和停转三种状态。

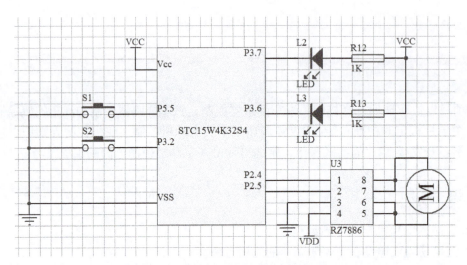

图 3-1 汽车玻璃升降控制的仿真电路

2. 源程序设计（见图 3-2）

```
1  //程序：3-1.c
2  #include "STC15F2K60S2.h"    // 包含头文件 STC15F2K60S2.h
3  sbit LED1=P3^7;               // 定义LED灯的端口号为P3.7
4  sbit LED2=P3^6;
5  sbit KEY1=P5^5;               // 定义按钮的端口号为P5.5
6  sbit KEY2=P3^2;
7  sbit M1_1=P2^4;               // 定义电动机正反转控制端口
8  sbit M1_2=P2^5;               // 定义电动机正反转控制端口
9  void delay(unsigned int x)    //延时程序
10 {unsigned int i,j;
11    for(i=0;i<x;i++)           //for循环指令
12    {  for(j=0;j<240;j++); }
13 }
14 void main()                   // 主函数
15 {P3M0=0x00;                   // 设置P3为准双向I/O口（传统51模式）
16  P3M1=0x00;                   // 设置P3为准双向I/O口（传统51模式）
17  P5M0=0x00;                   // 设置P5为准双向I/O口（传统51模式）
18  P5M1=0x00;                   // 设置P5为准双向I/O口（传统51模式）
19  LED1=1;LED2=1;M1_1=0;M1_2=0; // 指示灯熄灭、电动机停止转动，赋初始值
20  while(1)                     // while循环指令
21  {
22   if(KEY1==0)                 // 检测玻璃上升按钮是否按下
23    { LED1=0;LED2=1;M1_1=1;M1_2=0;  // 电动机正转指示灯亮、电动机正转
24    }
25   else if(KEY2==0)            // 检测玻璃下降按钮是否按下
26    { LED1=1;LED2=0;M1_1=0;M1_2=1;  // 电动机反转指示灯亮、电动机反转
27    }
28   else                        // 未检测到上升和下降指令
29    { LED1=1;LED2=1;M1_1=0;M1_2=0;  // 指示灯熄灭、电动机停止转动
30    }
31   }
32 }
```

图 3-2 汽车玻璃升降控制的源程序

 相关知识

1. RZ7886

（1）电路简述　RZ7886是一款直流电动机双向驱动电路，它适用于玩具电动机驱动、自动阀门电动机驱动、电磁门锁驱动等。它有两个逻辑输入端子用来控制电动机前进、后退及制动。RZ7886具有良好的抗干扰性、微小的待机电流和较低的输出内阻，同时它还具有内置二极管，能释放电感性负载的反向冲击电流。

（2）特点

1）微小的待机电流，小于2μA。

2）工作电压范围宽，为3～15V。

3）有紧急停止功能。

4）有过热保护功能。

5）有过电流、欠电流及短路保护功能。

6）封装外形为DIP8。

（3）引脚功能　RZ7886的引脚名称及功能见表3-1。

表3-1　RZ7886的引脚名称及功能

引脚号	名称	功能
1	BI	后退输入
2	FI	前进输入
3	GND	地
4	Vcc	电源
5、6	FO	前进输出
7、8	BO	后退输出

（4）输入真值表　RZ7886的输入真值表见表3-2。

表3-2　RZ7886的输入真值表

引脚2，前进输入	引脚1，后退输入	引脚5、6，前进输出	引脚7、8，后退输出
高电平	低电平	高电平	低电平
低电平	高电平	低电平	高电平
高电平	高电平	低电平	低电平
低电平	低电平	开路	开路

（5）参数值　RZ7886的参数值见表3-3。

表 3-3　RZ7886 的参数值

参　数	符　号	数　值	单　位
电源电压	V_{cc}	15	V
输出电流	I_{out}	13	A
工作温度	T_{op}	$-25 \sim 85$	℃
存储温度	T_{stg}	$-55 \sim 150$	℃

（6）应用电路　RZ7886 的应用电路如图 3-3 所示。

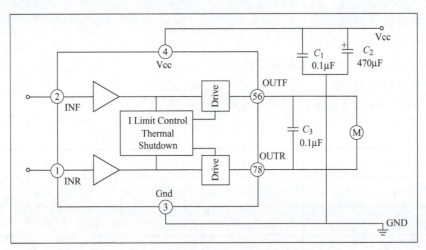

图 3-3　RZ7886 的应用电路

人文拓展

中车株洲电机公司研制的新一代 TQ800 永磁同步牵引电动机采用新型的稀土永磁材料，用永磁体代替电磁体，有效克服了失磁的问题，运用于 400km/h 跨国互联互通高速动车组，助力中国高铁实现 400km/h 的世界最快运营时速。TQ800 永磁同步牵引电动机具有轻量化、高效率、高可靠性、低维护成本等优点，它的出现也让我国成为世界少数几个掌握"永磁高铁"牵引技术的国家。

2. 程序设计思路

根据上述分析及电路连接，单片机 P2.4 口输出高电平、P2.5 口输出低电平时电动机正转；单片机 P2.4 口输出低电平、P2.5 口输出高电平时电动机反转；单片机 P2.4 口输出低电平、P2.5 口输出低电平时电动机停转；程序设计流程如图 3-4 所示。

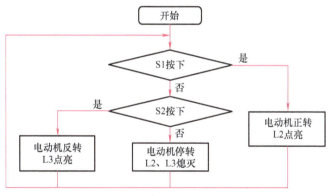

图 3-4　汽车玻璃升降控制程序设计流程图

任务 3-1　习题

1. RZ7886 的最大驱动电流是_____。
2. RZ7886 的最大工作电压是_____。
3. 怎么用 RZ7886 实现电磁制动？

实操 3-1　汽车玻璃升降控制学习工单

项目 3	汽车电动机控制		任务 3-1		汽车玻璃升降控制	学时	2
姓名		学号		班级		日期	
团队成员							
任务要求	基本任务：模拟实现一键升窗与一键降窗功能。S1 模拟升窗开关、S2 模拟降窗开关，S3 模拟上升限位开关，S4 模拟下降限位开关。具体要求： 1）按下 S1，电动机正转、L2 点亮，至 S3 按下，电动机停转、L2 熄灭。 2）按下 S2，电动机反转、L3 点亮，至 S4 按下，电动机停转、L3 熄灭。 拓展任务：按下 S1，电动机正转、L2 亮；按下 S2，电动机低速反转、L3 亮，松开均停转且灯灭。						

1. 电路设计

（续）

2. 程序思路

3. 基本任务功能测试
1）检查电路连接是否正确：　　　　　　　　　　　　　　　　　　　　　是□　否□
2）检查程序下载器是否连接正常：　　　　　　　　　　　　　　　　　　是□　否□
3）下载程序到目标板是否完成：　　　　　　　　　　　　　　　　　　　是□　否□
4）按下 S1，电动机正转，L2 点亮：　　　　　　　　　　　　　　　　　是□　否□
5）松开 S3，电动机停转，L2 熄灭：　　　　　　　　　　　　　　　　　是□　否□
6）按下 S2，电动机反转，L3 点亮：　　　　　　　　　　　　　　　　　是□　否□
7）松开 S4，电动机停转，L3 熄灭：　　　　　　　　　　　　　　　　　是□　否□

4. 拓展任务功能测试
1）按下 S1，电动机全速正转，L2 亮：　　　　　　　　　　　　　　　　是□　否□
2）松开 S1，电动机停转，L2 灭：　　　　　　　　　　　　　　　　　　是□　否□
3）按下 S2，电动机低速反转，L3 亮：　　　　　　　　　　　　　　　　是□　否□
4）松开 S2，电动机停转，L3 灭：　　　　　　　　　　　　　　　　　　是□　否□

5. 检查展示
1）小组成员自查和互查，进行补充完善。
2）各小组推荐优秀作品进行展示解说。

6. 总结评价

序号	评价项目	配分	自评分	组长评分	教师评分	企业评分	备注
1	电路设计	15					
2	程序思路	20					
3	基本任务	20					
4	拓展任务	15					
5	检查展示	10					
6	劳动纪律	5					
7	积极主动	5					
8	工匠精神	5					
9	贡献大小	5					
	合计	100					

综合得分 = 自评分 ×10%+ 组长评分 ×20%+ 教师评分 ×40%+ 企业评分 ×30%= ☐

7. 反思

项目 3　汽车电动机控制

 **任务 3-2　汽车刮水器控制**

目的与要求

通过单片机控制，在相应的按钮按下时，电动机能实现不同的速度转动，由相应的 LED 灯指示电动机的转速档位高低，以此来模拟汽车刮水器电动机的工作情况。

设计要求：S1 按下时，电动机在高速档工作、L2 点亮；S1 松开时，电动机停转、L2 熄灭；S2 按下时，电动机在中速档工作、L3 点亮；S2 松开时，电动机停转、L3 熄灭；S3 按下时，电动机在中低速档工作、L4 点亮；S3 松开时，电动机停转、L4 熄灭；S4 按下时，电动机在低速档工作、L7 点亮；S4 松开时，电动机停转、L7 熄灭。

1. 电路设计

汽车刮水器控制的仿真电路如图 3-5 所示。

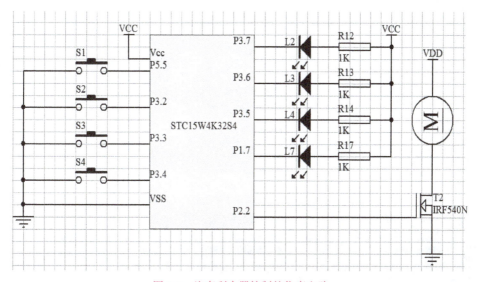

图 3-5　汽车刮水器控制的仿真电路

S1 接单片机 P5.5 口，S2 接单片机 P3.2 口，S3 接单片机 P3.3 口，S4 接单片机 P3.4 口。LED 灯 L2 接单片机 P3.7 口，LED 灯 L3 接单片机 P3.6 口，LED 灯 L4 接单片机 P3.5 口，LED 灯 L7 接单片机 P1.7 口。单片机 P2.2 口接场效应晶体管 IRF540N 的栅极，IRF540N 的漏极接直流电动机，直流电动机另一端接 Vdd 电源（可根据电动机工作电压选择），IRF540N 的源极接地，此时单片机 P2.2 口输出高电平时电动机高速转动，单片机 P2.2 口输出低电平时电动机停转，单片机 P2.2 口输出 PWM 波时，可进行电动机速度调节。IRF540N 可控制直流电压小于 100V、电流小于 28A 的输出负载。

57

2. 源程序设计（见图3-6）

```
1  //程序: 3-2.c
2  #include "STC15F2K60S2.h"    // 包含头文件 STC15F2K60S2.h
3  sbit LED1=P3^7;              // 定义LED灯L2的端口号为 P3.7
4  sbit LED2=P3^6;              // 定义LED灯L3的端口号为 P3.6
5  sbit LED3=P3^5;              // 定义LED灯L4的端口号为 P3.5
6  sbit LED4=P1^7;              // 定义LED灯L7的端口号为 P1.7
7  sbit KEY1=P5^5;              // 定义S1输入端口号为 P5.5
8  sbit KEY2=P3^2;              // 定义S2输入端口号为 P3.2
9  sbit KEY3=P3^3;              // 定义S3输入端口号为 P3.3
10 sbit KEY4=P3^4;              // 定义S4输入端口号为 P3.4
11 sbit PWM_OUT=P2^2;           // 定义PWM输出端口为P2.2
12 unsigned int cont;           //定义1～100计数器
13 unsigned int PWM_CONT;       //PWM中间变量
14 void Timer0Init(void)        //100微秒@22.1184MHz
15 { AUXR &= 0x7F;              //定时器时钟12T模式
16   TMOD &= 0xF0;              //设置定时器模式
17   TMOD |= 0x01;              //设置定时器模式
18   TL0 = 0x48;                //设置定时初值
19   TH0 = 0xFF;                //设置定时初值
20   TF0 = 0;                   //清除TF0标志
21   TR0 = 1;                   //定时器0开始计时
22 }
23 void time0( )interrupt 1
24 { TL0 = 0x48;TH0 = 0xFF;     //设置定时初值
25   if(cont>=100) {cont=0;PWM_OUT=0;} //0～100计数器，计数值大于100时计数器清零，PWM输出低电平
26   else cont++;               //计数值小于100时，计数器自加1操作
27   if(cont>PWM_CONT) PWM_OUT=1; //计数值大于PWM中间变量值时，PWM输出高电平
28 }
29 void main()                  // 主函数
30 {
31   P3M0=0x00;P3M1=0x00;       // 设置P3口为准双向I/O口（传统51模式）
32   P2M0=0x00;P2M1=0x00;       // 设置P2口为准双向I/O口（传统51模式）
33   P1M0=0x00;P1M1=0x00;       // 设置P1口为准双向I/O口（传统51模式）
34   P5M0=0x00;P5M1=0x00;       // 设置P5口为准双向I/O口（传统51模式）
35   Timer0Init();              //调用T0初始化程序
36   ET0=1;                     //允许T0中断
37   EA=1;                      //开放所有中断
38   PWM_CONT=110;              //电动机停止转动, 初始值状态, 占空比为0
39   while(1)                   // while循环指令
40   {
41     if(KEY1==0)              // 判断S1是否按下
42     {
43       LED1=0;LED2=1;LED3=1;LED4=1;  // L2灯点亮
44       PWM_CONT=60;           //电动机高速转动,占空比为40%
45     }
46     else if(KEY2==0)         // 判断S2是否按下
47     {
48       LED1=1;LED2=0;LED3=1;LED4=1;  // L3灯点亮
49       PWM_CONT=70;           //电动机中速转动,占空比为30%
50     }
51     else if(KEY3==0)         // 判断S3是否按下
52     {
53       LED1=1;LED2=1;LED3=0;LED4=1;  // L4灯点亮
54       PWM_CONT=80;           //电动机中低速转动,占空比为20%
55     }
56     else if(KEY4==0)         // 判断S4是否按下
57     {
58       LED1=1;LED2=1;LED3=1;LED4=0;  // L7灯点亮
59       PWM_CONT=90;           //电动机低速转动,占空比为10
60     }
61     else                     // 没有按键按下
62     {
63       LED1=1;LED2=1;LED3=1;LED4=1;  // 所有灯熄灭
64       PWM_CONT=110;          //电动机停止转动,占空比为0
65     }
66   }
67 }
```

图3-6 汽车刮水器控制的源程序

相关知识

1. PWM 的概念

PWM 是 Pulse Width Modulation 的缩写，即脉冲宽度调制，它利用微处理器的数字输出来控制模拟电路，其实就是使用数字信号达到一个模拟信号的效果。PWM 用改变脉冲宽度的方式来实现不同的效果。下面以 3 组不同的脉冲信号为例来说明，如图 3-7 所示。

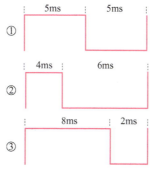

图 3-7　3 组不同脉冲信号

图 3-7 所示 3 组不同脉冲信号的周期均为 10ms，即频率均是 100Hz，但是每个周期内，高低电平脉冲宽度各不相同，这就是 PWM 的本质。人们把脉冲宽度不同称为占空比（占空比是指高电平的时间占整个周期的比例）不同。

① 组脉冲的占空比为 50%，此时高低电平脉冲时长各占一半。
② 组脉冲的占空比为 40%，此时同一周期内高电平时长少于低电平时长。
③ 组脉冲的占空比为 80%，此时同一周期内高电平时长大于低电平时长。

2. PWM 的应用

例如点亮一个 LED 小灯，设计电路让 LED = 0 时小灯长亮，当 LED = 1 时小灯灭。当小灯亮和灭间隔运行的时候，小灯闪烁。如果把这个间隔不断减小，减小到肉眼分辨不出来，也就是 100Hz 以上的频率，这个时候小灯表现出来的现象是看起来长亮但没有在 LED = 0 时的亮度大。若不断改变时间参数，让 LED = 0 的时间大于或者小于 LED = 1 的时间，会发现小灯亮度相应的都不一样，这就是模拟电路的感觉了。若此时将图 3-7 所示的三组不同占空比的信号送入 LED 小灯，占空比为 80% 时，小灯最亮；占空比为 40% 时，小灯最暗；占空比为 50% 时，小灯的亮度在两者之中。如果设计一个程序让占空比可从 0 到 100% 进行无级调节，即可使 LED 小灯从全亮到全灭进行亮度调节。占空比为 0 时，全周期输出低电平，占空比 100% 时，全周期输出高电平。

3. PWM 的实现

PWM 可以利用两种程序设计方案实现：一是利用延时程序进行输出，此方案下单片机大部分时间在处理延时程序而不能进行其他工作，仅用于单路 PWM 输出并且内容简单的程序控制；二是利用定时器/计数器进行控制，利用单片机定时器/计数器 T0 或

T1 产生 1 个 0.1ms 的中断定时，然后在定时器程序中设计一个 0 到 100 的计数器，相当于 10ms 的周期计数，在 0 到 100 的计数器中设置一个中间变量，计数大于中间变量时 PWM 输出为高电平，计数器大于 100 时计数器清零同时 PWM 输出为低电平，以此循环就可以得到一个固定占空比的输出，若改变中间变量的值，即可改变输出波形的占空比，此时也就得到了一个周期为 10ms，占空比可调的输出波形。

4. 定时器/计数器

STC15W4K32S4 系列单片机内部设置了 5 个 16 位定时器/计数器：16 位定时器/计数器 T0、T1、T2、T3 以及 T4，它们都具有计数方式和定时方式两种工作方式。对定时器/计数器 T0 和 T1，可用它们在特殊功能寄存器 TMOD 中相对应的控制位 C/T 来选择 T0 或 T1 为定时器还是计数器。对定时器/计数器 T2，可用特殊功能寄存器 AUXR 中的控制位 T2_C/T 来选择 T2 为定时器还是计数器。对定时器/计数器 T3，可用特殊功能寄存器 T4T3M 中的控制位 T3_C/T 来选择 T3 为定时器还是计数器。对定时器/计数器 T4，可用特殊功能寄存器 T4T3M 中的控制位 T4_C/T 来选择 T4 为定时器还是计数器。定时器/计数器的核心部件是一个加法计数器，其本质是对脉冲进行计数，只是计数脉冲来源不同：如果计数脉冲来自系统时钟，则为定时方式，此时定时器/计数器每 12 个时钟周期或者每 1 个时钟周期得到一个计数脉冲，计数值加 1；如果计数脉冲来自单片机外部引脚（T0 为 P3.4，T1 为 P3.5，T2 为 P3.1，T3 为 P0.7，T4 为 P0.5），则为计数方式，每来一个脉冲就加 1。

当定时器/计数器 T0、T1 及 T2 工作在定时模式时，特殊功能寄存器 AUXR 中的 T0x12、T1x12 和 T2x12 分别决定是系统时钟 12 分频还是系统时钟不分频后让 T0、T1 和 T2 开始计数。当定时器/计数器 T3 和 T4 工作在定时模式时，特殊功能寄存器 T4T3M 中的 T3x12 和 T4x12 分别决定是系统时钟 12 分频还是系统时钟不分频后让 T3 和 T4 开始计数。当定时器/计数器工作在计数模式时，对外部脉冲计数不分频。

定时器/计数器 T0 有 4 种工作模式：模式 0（16 位自动重装模式）、模式 1（16 位不可重装模式）、模式 2（8 位自动重装模式）和模式 3（不可屏蔽中断的 16 位自动重装模式）。定时器/计数器 T1 除模式 3 外，其他工作模式与定时器/计数器 T0 相同，T1 在模式 3 时无效，停止计数。定时器/计数器 T2 的工作模式固定为 16 位自动重装模式。T2 可以当定时器使用，也可以当串口的波特率发生器和可编程时钟输出。定时器/计数器 T3、定时器/计数器 T4 与定时器/计数器 T2 一样，它们的工作模式固定为 16 位自动重装模式。T3 和 T4 可以当定时器使用，也可以当串口的波特率发生器和可编程时钟输出。

（1）控制寄存器 TCON　TCON 为定时器/计数器 T0、T1 的控制寄存器，同时也锁存 T0、T1 溢出中断源和外部请求中断源等，TCON 格式见表 3-4，可位寻址。

表 3-4　TCON 格式表

SFR 名称	地址	位	B7	B6	B5	B4	B3	B2	B1	B0
TCON	88H	名称	TF1	TR1	TF0	TR0	IE1	IT1	IE0	IT0

1）TF1：T1 溢出中断标志。T1 被允许计数以后，从初值开始加 1 计数。当产生溢出

时 TF1 由硬件置 1，向 CPU 请求中断，一直保持到 CPU 响应中断时，才由硬件清零（也可由查询软件清零）。

2）TR1：T1 的运行控制位。该位由软件置 1 和清零。当 GATE（TMOD 的 B7）=0，TR1=1 时就允许 T1 开始计数，TR1=0 时禁止 T1 计数。当 GATE（TMOD 的 B7）=1，TR1=1 且 INT1 输入高电平时，才允许 T1 计数。

3）TF0：T0 溢出中断标志。T0 被允许计数以后，从初值开始加 1 计数。当产生溢出时 TF0 由硬件置 1，向 CPU 请求中断，一直保持到 CPU 响应中断时，才由硬件清零（也可由查询软件清零）。

4）TR0：T0 的运行控制位。该位由软件置 1 和清零。当 GATE（TMOD 的 B3）=0，TR0=1 时就允许 T0 开始计数，TR0=0 时禁止 T0 计数。当 GATE（TMOD 的 B3）=1，TR0=1 且 INT0 输入高电平时，才允许 T0 计数。

5）IE1：外部中断源 1 请求（INT1/P3.3）标志。IE1=1，外部中断源 1 向 CPU 请求中断，当 CPU 响应该中断时 IE1 由硬件清零。

6）IT1：外部中断源 1 触发控制位。IT1=0，上升沿或下降沿均可触发外部中断源 1。IT1=1，外部中断源 1 为下降沿触发方式。

7）IE0：外部中断源 0 请求（INT1/P3.2）标志。IE0=1，外部中断源 0 向 CPU 请求中断，当 CPU 响应该中断时 IE0 由硬件清零。

8）IT0：外部中断源 0 触发控制位。IT0=0，上升沿或下降沿均可触发外部中断源 0。IT0=1，外部中断源 0 为下降沿触发方式。

（2）定时器/计数器工作模式寄存器 TMOD　　定时和计数功能由特殊功能寄存器 TMOD 的控制位 C/T 进行选择，TMOD 寄存器的格式见表 3-5。可以看出，两个定时器/计数器 T0 和 T1 有 4 种操作模式，通过 TMOD 的 M1 和 M0 选择。两个定时器/计数器的模式 0、1 和 2 都相同，模式 3 不同。

TMOD 不可位寻址，复位值为 00H，B0～B3 操作 T0，B4～B7 操作 T1。

表 3-5　TMOD 格式表

SFR 名称	地址	位	B7	B6	B5	B4	B3	B2	B1	B0
TMOD	89H	名称	GATE	C/T	M1	M0	GATE	C/T	M1	M0

1）B7：控制 T1，置 1 时只有在 INT1 脚为高电平及 TR1 控制位置 1 时才可以打开 T1。

2）B3：控制 T0，置 1 时只有在 INT0 脚为高电平及 TR0 控制位置 1 时才可以打开 T0。

3）B6：控制 T1 用作定时器或计数器，清零用作定时器（对内部系统时钟进行计数），置 1 用作计数器（对 T1/3.5 的外部脉冲进行计数）。

4）B2：控制 T0 用作定时器或计数器，清零用作定时器（对内部系统时钟进行计数），置 1 用作计数器（对 T0/3.4 的外部脉冲进行计数）。

5）B5/B4：

M1　M0　T1 模式选择。

0	0	16位自动重装定时器，当溢出时将RL_TH1和RL_TL1存放的值自动重装入TH1和TL1中。
0	1	16位不可重装模式，TH1、TL1全用。
1	0	8位自动重装定时器，当溢出时将TH1存放的值自动重装入TL1。
1	1	T1此时无效（停止计数）。

6）B1/B0：

M1	M0	T0模式选择
0	0	16位自动重装定时器，当溢出时将RL_TH0和RL_TL0存放的值自动重装入TH0和TL0中。
0	1	16位不可重装模式，TH0、TL0全用。
1	0	8位自动重装定时器，当溢出时将TH0存放的值自动重装入TL0。
1	1	不可屏蔽中断的16位自动重装定时器。

（3）辅助寄存器AUXR　STC15系列单片机是不分频的传统8051单片机，为兼容传统8051单片机，T0、T1和T2复位后是传统8051单片机的速度，即12分频，但也可不进行12分频，通过设置新增加的特殊功能寄存器AUXR，将T0、T1、T2设置为不分频。AUXR不可位寻址，格式见表3-6。

表3-6　AUXR格式表

SFR名称	地址	位	B7	B6	B5	B4	B3	B2	B1	B0
AUXR	8EH	名称	T0x12	T1x12	UART_M0x6	T2R	T2_C/T	T2x12	EXTRAM	S1ST2

1）T0x12：T0速度控制位。

0，T0是传统8051单片机速度，12分频。

1，T0的速度是传统8051单片机的12倍，不分频。

2）T1x12：T1速度控制位。

0，T1是传统8051单片机速度，12分频。

1，T1的速度是传统8051单片机的12倍，不分频。

3）如果UART1/串行口1用T1作为波特率发生器，则由T1x12决定UART1/串行口1是12分频还是不分频。

4）UART_M0x6：串行口1模式0的通信速度设置位。

0，串行口1模式0的速度是传统8051单片机串行口的速度，12分频。

1，串行口1模式0的速度是传统8051单片机串行口速度的6倍，2分频。

5）T2R：T2允许控制位

0，不允许T2运行。

1，允许T2运行。

6）T2_C/T：控制T2用作定时器或计数器。

0，用作定时器（对内部系统时钟进行计数）。

1，用作计数器（对T2/P3.1的外部脉冲进行计数）。

7）T2x12：T2速度控制位。

0，T2是传统8051单片机速度，12分频。

1，T2 的速度是传统 8051 单片机的 12 倍，不分频。

8）如果串行口 1 或串行口 2 用 T2 作为波特率发生器，则由 T2x12 决定串行口 1 或串行口 2 是 12 分频还是不分频。

9）EXTRAM：内部 / 外部 RAM 存取控制位。

0，允许使用逻辑上在片外、物理上在片内的扩展 RAM。

1，禁止使用逻辑上在片外、物理上在片内的扩展 RAM。

10）S1ST2：串行口 1（UART1）选择 T2 作为波特率发生器的控制位。

0，选择 T1 作为串行口 1（UART1）的波特率发生器；

1，选择 T2 作为串行口 1（UART1）的波特率发生器，此时 T1 得到释放，可以作为独立定时器 / 计数器使用。

（4）定时器 / 计数器 T0 和 T1 的中断控制寄存器 IE 和 IP（格式见表 3-7 和表 3-8）

表 3-7　IE 中断允许寄存器格式表（可位寻址）

SFR 名称	地址	位	B7	B6	B5	B4	B3	B2	B1	B0
IE	A8H	名称	EA	ELVD	EADC	ES	ET1	EX1	ET0	EX0

表 3-8　IP 中断优先级控制寄存器格式表（可位寻址）

SFR 名称	地址	位	B7	B6	B5	B4	B3	B2	B1	B0
IP	B8H	名称	PPCA	PLVD	PADC	PS	PT1	PX1	PT0	PX0

1）EA：CPU 的总中断允许控制位。EA=1，CPU 开放中断；EA=0，CPU 屏蔽所有的中断申请。EA 的作用是使中断允许形成多级控制。即各中断源首先受 EA 控制，其次还受各中断源自己的中断允许控制位控制。

2）ET1：T1 的溢出中断允许位，ET1=1，允许 T1 中断，ET1=0，禁止 T1 中断。

3）ET0：T0 的溢出中断允许位。ET0=1 允许 T0 中断；ET0=0 禁止 T0 中断。

4）PT1：T1 中断优先级控制位。

当 PT1=0 时，T1 中断为最低优先级中断（优先级 0）。

当 PT1=1 时，T1 中断为最高优先级中断（优先级 1）。

5）PT0：T0 中断优先级控制位。

当 PT0=0 时，T0 中断为最低优先级中断（优先级 0）

当 PT0=1 时，T0 中断为最高优先级中断（优先级 1）

注意：当 T0 在工作模式 3（不可屏蔽中断的 16 位自动重装模式）时，不需要允许 EA，只需允许 ET0 就能打开 T0 的中断，此模式下的 T0 中断与总中断允许控制位 EA 无关。一旦此模式下的 T0 中断被打开后，T0 的中断优先级就是最高的，它不能被其他任何中断所打断（不管是比 T0 中断优先级低的中断还是比其优先级高的中断，都不能打断此时的 T0 中断），而且该中断打开后既不受 EA 控制也不再受 ET0 控制了，清零 EA 或 ET0 都不能关闭此中断。

（5）定时器 / 计数器 T4 和 T3 的控制寄存器　T4 和 T3 的控制寄存器 T4T3M 格式见表 3-9。

表3-9 T4T3M格式表（不可位寻址）

地址	位	B7	B6	B5	B4	B3	B2	B1	B0
T4T3M	名称	T4R	T4_C/T	T4x12	T4CLKO	T3R	T3_C/T	T3x12	T3CLKO

1）T4R：T4运行控制位。

0，不允许T4运行。

1，允许T4运行。

2）T4_C/T：控制T4用作定时器或计数器。

0，用作定时器（对内部系统时钟进行计数）。

1，用作计数器（对T4/P0.7的外部脉冲进行计数）。

3）T4x12：T4速度控制位。

0，T4速度是传统8051单片机定时器的速度，即12分频。

1，T4速度是传统8051单片机定时器速度的12倍，即不分频。

4）T4CLKO：是否允许将P0.6脚配置为T4的时钟输出T4CLKO。

1，允许将P0.6口配置为T4的时钟输出T4CLKO，如果T4_C/T=0，T4是对内部系统时钟计数，则：

T4工作在不分频模式（T4×12=1）时的输出频率 $= \dfrac{SYSclk}{[65536-(RL\_TH4, RL\_TL4)] \times 2}$。

T4工作在12分频模式（T4×12=0）时的输出频率 $= \dfrac{SYSclk}{[65536-(RL\_TH4, RL\_TL4)] \times 24}$。

如果T4_C/T=1，定时器/计数器T4是对外部脉冲输入（T4/P0.7）计数，则：

输出时钟频率 $= \dfrac{T4\_Pin\_CLK}{[65536-(RL\_TH4, RL\_TL4)] \times 2}$

0，不允许将P0.6口配置为T4的时钟输出T4CLKO。

5）T3R：T3运行控制位。

0，不允许T3运行。

1，允许T3运行。

6）T3_C/T：控制T3用作定时器或计数器。

0，用作定时器（对内部系统时钟进行计数）。

1，用作计数器（对T3/P0.5的外部脉冲进行计数）。

7）T3x12：T3速度控制位。

0，T3速度是传统8051单片机定时器的速度，即12分频。

1，T3速度是传统8051单片机定时器速度的12倍，即不分频。

8）T3CLKO：是否允许将P0.4口配置为T3的时钟输出T3CLKO。

1，允许将P0.4口配置为T3的时钟输出T3CLKO，如果T3_C/T=0，T3是对内部系统时钟计数，则：

T3 工作在不分频模式（T3×12=1）时的输出频率 = $\dfrac{\text{SYSclk}}{[65536-(\text{RL\_TH3, RL\_TL3})]\times 2}$。

T3 工作在 12 分频模式（T3×12=0）时的输出频率 = $\dfrac{\text{SYSclk}}{[65536-(\text{RL\_TH3, RL\_TL3})]\times 24}$。

如果 T3_C/T=1，定时器/计数器 T3 是对外部脉冲输入（T3/P0.5）计数，则

$$\text{输出时钟频率} = \dfrac{\text{T3\_Pin\_CLK}}{[65536-(\text{RL\_TH3, RL\_TL3})]\times 2}$$

0，不允许将 P0.4 口配置为 T3 的时钟输出 T3CLKO。

（6）定时器/计数器 T2、T3 和 T4 的中断控制寄存器　T2、T3 和 T4 的中断控制寄存器 IE2 格式见表 3-10。

表 3-10　IE2 格式表（不可位寻址）

SFR 名称	地址	位	B7	B6	B5	B4	B3	B2	B1	B0
IE2	AFH	名称	—	ET4	ET3	ES4	ES3	ET2	ESPI	ES2

1）ET4：T4 的中断允许位。

1，允许 T4 产生中断。

0，禁止 T4 产生中断。

2）ET3：T3 的中断允许位。

1，允许 T3 产生中断。

0，禁止 T3 产生中断。

3）ES4：串行口 4 中断允许位。

1，允许串行口 4 中断。

0，禁止串行口 4 中断。

4）ES3：串行口 3 中断允许位。

1，允许串行口 3 中断。

0，禁止串行口 3 中断。

5）ET2：T2 的中断允许位。

1，允许 T2 产生中断。

0，禁止 T2 产生中断。

6）ESPI：SPI 中断允许位。

1，允许 SPI 中断。

0，禁止 SPI 中断。

7）ES2：串行口 2 中断允许位。

1，允许串行口 2 中断。

0，禁止串行口 2 中断。

（7）中断响应过程　中断响应过程就是自动调用并执行中断函数的过程。Keil C51 编译器支持在 C 语言源程序中直接以函数形式编写中断服务程序。常用的中断函数定义语

法如下：

void　函数名( ) interrupt n；

其中n为中断类型号，Keil C51编译器允许0～31个中断，n取值范围为0～31。下面给出传统8051单片机所提供的5个中断源所对应的中断类型号和中断服务程序入口地址：

中断源	n	入口地址
外部中断0	0	0003H
定时器/计数器T0	1	000BH
外部中断1	2	0013H
定时器/计数器T1	3	001BH
串行口	4	0023H

5. 定时器/计数器应用

1）打开STC-ISP软件，选择"定时器计算器"选项卡，如图3-8所示。

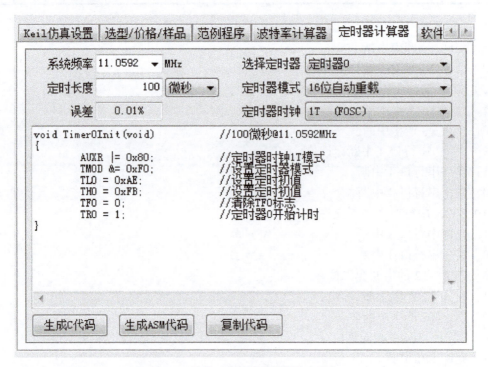

图3-8　选择"定时器计算器"选项卡

2）选择系统频率22.1184MHz，在定时长度输入框中输入100，选择定时器0，定时器模式选择16位，定时器时钟选择12T，如图3-9所示。

图 3-9 定时器参数设置

3）单击"生成 C 代码"按钮，生成定时器初始化程序，如图 3-10 所示。

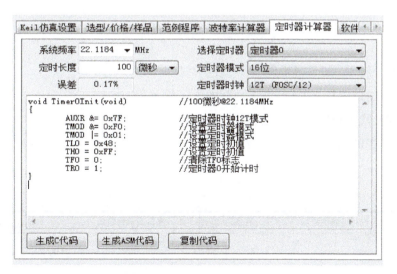

图 3-10 生成定时器初始化程序

6. 程序设计思路

单片机 P2.2 口输出高电平时，场效应晶体管 T2 打开，此时电动机两端的电压约等于 Vdd，电动机开始工作。

单片机 P2.2 口输出低电平时，场效应晶体管 T2 关闭，此时电动机两端的电压约等于 0V，电动机停止工作。

单片机 P2.2 口输出 PWM 波时，场效应晶体管对应相应的占空比打开和关闭，从而实现电动机调速控制。

汽车刮水器控制程序设计流程图如图 3-11 所示。

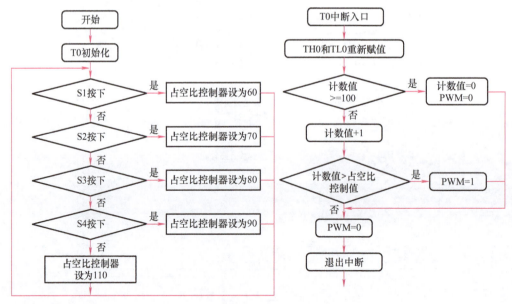

图 3-11　汽车刮水器控制程序设计流程图

任务 3-2　习题

1. IRF540N 属于_____沟道场效应晶体管。
2. IRF540N 打开时，漏极、源极之间的电压为_____V。
3. IRF540N 最大控制直流电压为_____V，控制电流为_____A。
4. PWM 调速的工作原理是什么？
5. ET0=0 时，说明_____。

实操 3-2　汽车刮水器控制学习工单

项目 3	汽车电动机控制		任务 3-2	汽车刮水器控制	学时	2
姓名		学号		班级	日期	
团队成员						
任务要求	基本任务：设计一个无级电动机调速装置，要求利用"加"按键和"减"按键对电动机进行无级调速，可实现 PWM 占空比的 0～100% 的无级调节。 拓展任务：设计一个电动机正反转控制装置，要求按下 S1，电动机高速正转；按下 S2，电机动低速正转；按下 S3，电动机高速反转；按下 S4，电动机低速反转；所有按键松开时电动机停转。					

项目3 汽车电动机控制

（续）

1. 电路设计

2. 程序思路

3. 基本任务功能测试
1）检查电路连接是否正确： 是□ 否□
2）检查程序下载器是否连接正常： 是□ 否□
3）下载程序到目标板是否完成： 是□ 否□
4）按下S1，电动机转速增加： 是□ 否□
5）按下S2，电动机转速减慢： 是□ 否□

4. 拓展任务功能测试
1）按下S1，电动机高速正转： 是□ 否□
2）按下S2，电动机低速正转： 是□ 否□
3）按下S3，电动机高速反转： 是□ 否□
4）按下S4，电动机低速反转： 是□ 否□
5）松开按键，电动机停转： 是□ 否□

5. 检查展示
1）小组成员自查和互查，进行补充完善。
2）各小组推荐优秀作品进行展示解说。

6. 总结评价

序号	评价项目	配分	自评分	组长评分	教师评分	企业评分	备注
1	电路设计	15					
2	程序思路	20					
3	基本任务	20					
4	拓展任务	15					
5	检查展示	10					
6	劳动纪律	5					
7	积极主动	5					
8	工匠精神	5					
9	贡献大小	5					
	合计	100					

综合得分 = 自评分 ×10%+ 组长评分 ×20%+ 教师评分 ×40%+ 企业评分 ×30%=

7. 反思

任务 3-3　汽车蜂鸣器控制

目的与要求

通过单片机控制，在相应的按钮按下时，蜂鸣器响和停的时间对应不同的间隔，以此来模拟汽车的各种警报提示。

设计要求：S1 按下时，蜂鸣器长响；S2 按下时，蜂鸣器一响一停，响停间隔时间相同；S3 按下时，蜂鸣器一响一停，响的时间大于停的时间；S4 按下时，蜂鸣器一响一停，响的时间小于停的时间。

1. 电路设计

汽车蜂鸣器控制的仿真电路如图 3-12 所示。

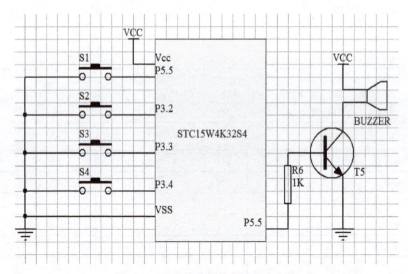

图 3-12　汽车蜂鸣器控制的仿真电路

S1 接单片机 P5.5 口，S2 接单片机 P3.2 口，S3 接单片机 P3.3 口，S4 接单片机 P3.4 口。单片机 P5.4 口接晶体管 T5（8050 贴片封装）的基极，T5 的集电极接蜂鸣器的负极，蜂鸣器的正极接 5V 电源，T5 的发射极接地，此时单片机 P5.4 口输出高电平时蜂鸣器工作，输出低电平时蜂鸣器不工作。T5 可控制直流电压小于 40V，电流小于 0.8A 的输出负载。

2. 源程序设计（见图 3-13）

```
1  //程序:3-3.c
2  #include "STC15F2K60S2.h"   //包含头文件 STC15F2K60S2.h
3  sbit KEY1=P5^5;              //定义S1输入为P5.5口
4  sbit KEY2=P3^2;              //定义S2输入为P3.2口
5  sbit KEY3=P3^3;              //定义S3输入为P3.3口
6  sbit KEY4=P3^4;              //定义S4输入为P3.4口
7  sbit F_0=P5^4;               //定义蜂鸣器输出口
8  void delay(unsigned int x)   //延时程序
9  {unsigned int i,j;
10 for(i=0;i<x;i++)             //for循环指令
11 { for(j=0;j<240;j++); }
12 }
13 void main( )                 //主函数
14 {P3M0=0x00;P3M1=0x00;         //设置P3口为准双向I/O口(传统8051模式)
15 P5M0=0xFF;P5M1=0x00;          //设置P5口为准双向I/O口(强上拉输出)
16 F_0=0;                        //蜂鸣器初始化为0，不工作。
17 while(1)                      //while循环指令
18 {
19 if(KEY1==0)                   //判断S1是否按下
20  { F_0=1; }                   //蜂鸣器长响
21 else if(KEY2==0)              //判断S2是否按下
22  {F_0=1;delay(1000);F_0=0;delay(1000); }  //蜂鸣器一响一停
23 else if(KEY3==0)              //判断S3是否按下
24  { F_0=1;delay(2000);F_0=0;delay(1000);}  //蜂鸣器一长一短
25 else if(KEY4==0)              //判断S4是否按下
26  { F_0=1;delay(1000);F_0=0;delay(2000); } //蜂鸣器一短一长
27 else F_0=0;
28  }
29 }
```

图 3-13　汽车蜂鸣器控制的源程序

相关知识

1. 程序设计思路

单片机 P5.4 口输出高电平时，晶体管 T5 打开，处于饱和工作状态，其集电极-发射极间的电压为 0.3V 左右，此时蜂鸣器两端的电压约为 5V，蜂鸣器此时开始工作。

单片机 P5.4 口输出低电平时，晶体管 T5 无法打开，处于截止工作状态，其集电极-发射极间的电压为 5V 左右，此时蜂鸣器两端的电压约为 0V，蜂鸣器此时停止工作。

程序设计流程图如图 3-14 所示。

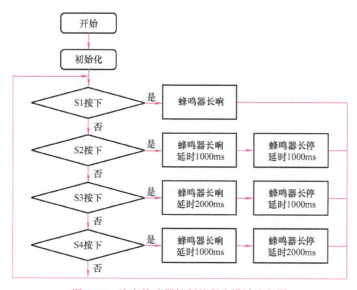

图 3-14　汽车蜂鸣器控制的程序设计流程图

2. 关键指令分析（见图3-15）

```
if(KEY1==0)                                          //判断S1是否按下
    { F_0=1; }                                       //蜂鸣器长响
else if(KEY2==0)                                     //判断S2是否按下
    {F_0=1;delay(1000);F_0=0;delay(1000); }          //蜂鸣器一响一停
else if(KEY3==0)                                     //判断S3是否按下
    { F_0=1;delay(2000);F_0=0;delay(1000);}          //蜂鸣器一长一短
else if(KEY4==0)                                     //判断S4是否按下
    {F_0=1;delay(1000);F_0=0;delay(2000); }          //蜂鸣器一短一长
else F_0=0;
```

图3-15 关键指令分析

任务3-3 习题

1. 晶体管8050属于_____类型晶体管。
2. 晶体管8050打开时，集电极－发射极之间的电压为_____V。
3. 晶体管8050最大控制直流电压为_____V、控制电流为_____A。

实操3-3 汽车蜂鸣器控制学习工单

项目3	汽车电动机控制	任务3-3	汽车蜂鸣器控制	学时	2
姓名		学号		班级		日期	
团队成员					
任务要求	基本任务：实现所有按键确认音，按键时"嘀"地响一声。 拓展任务：实现按键正确和错误音，正确时为"嘀——嘀"，错误时为"嘀－嘀－嘀"，按S1模拟正确音，S2模拟错误音。				

1. 电路设计

（续）

2. 程序思路

3. 基本任务功能测试
1）检查电路连接是否正确： 是□ 否□
2）检查程序下载器是否连接正常： 是□ 否□
3）下载程序到目标板是否完成： 是□ 否□
4）按下 S1，是否发出确认音： 是□ 否□
5）按下 S2，是否发出确认音： 是□ 否□
6）按下 S3，是否发出确认音： 是□ 否□
7）按下 S4，是否发出确认音： 是□ 否□
8）按下各按键不松开，是否发出声音： 是□ 否□

4. 拓展任务功能测试
1）按下 S1，是否发出正确音： 是□ 否□
2）按下 S2，是否发出错误音： 是□ 否□
3）按下各按键不松开，是否发出声音： 是□ 否□

5. 检查展示
1）小组成员自查和互查，进行补充完善。
2）各小组推荐优秀作品进行展示解说。

6. 总结评价

序号	评价项目	配分	自评分	组长评分	教师评分	企业评分	备注
1	电路设计	15					
2	程序思路	20					
3	基本任务	20					
4	拓展任务	15					
5	检查展示	10					
6	劳动纪律	5					
7	积极主动	5					
8	工匠精神	5					
9	贡献大小	5					
	合计	100					

综合得分 = 自评分 ×10%+ 组长评分 ×20%+ 教师评分 ×40%+ 企业评分 ×30%=

7. 反思

任务 3-4 汽车舵机控制

目的与要求

通过单片机控制,在相应的按钮按下时,舵机转到相应的角度,以此来模拟汽车的各种转角控制。

设计要求:S1 按下时,舵机转到 0° 位置;S2 按下时,舵机转到 90° 位置;S3 按下时,舵机转到 180° 位置;S4 按下时,舵机转角从 0 ~ 180° 调节。

1. 电路设计

汽车舵机控制的仿真电路如图 3-16 所示。

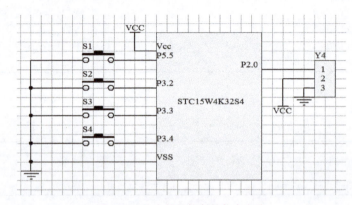

图 3-16 汽车舵机控制的仿真电路

S1 接单片机 P5.5 口,S2 接单片机 P3.2 口,S3 接单片机 P3.3 口,S4 接单片机 P3.4 口,单片机 P2.0 口接舵机信号口。

2. 源程序设计(见图 3-17)

```
1  //程序: 3-4.c
2  #include "STC15F2K60S2.h"    // 包含头文件 STC15F2K60S2.h
3  sbit KEY1=P5^5;      // 定义S1输入为 P5.5口
4  sbit KEY2=P3^2;      // 定义S2输入为 P3.2口
5  sbit KEY3=P3^3;      // 定义S3输入为 P3.3口
6  sbit KEY4=P3^4;      // 定义S4输入为 P3.4口
7  sbit PWM_OUT=P2^0;   // 定义舵机输出端口为P2.0
8  unsigned int cont;           //定义1~200计数器 产生周期为20ms波形
9  unsigned int PWM_CONT;       //PWM中间变量 1~2ms调整
10 void Timer0Init(void)        //100微秒@22.1184MHz
11 {
12     AUXR &= 0x7F;    //定时器时钟12T模式
13     TMOD &= 0xF0;    //设置定时器模式
14     TL0 = 0x48;      //设置定时初值
15     TH0 = 0xFF;      //设置定时初值
16     TF0 = 0;         //清除TF0标志
17     TR0 = 1;         //定时器0开始计时
18 }
```

图 3-17 汽车舵机控制的源程序

```
19   void time0()interrupt 1
20   {
21     TL0 = 0x48;                              //设置定时初值
22     TH0 = 0xFF;                              //设置定时初值
23     if(cont>=200) {cont=0;PWM_OUT=0;}        //0~100计数器,计数值大于100时计数器清零,PWM输出低电平
24     else cont++;                             //计数值小于100时,计数器自加1操作
25     if(cont<PWM_CONT) PWM_OUT=1;             //计数值大于PWM中间变量值时,PWM输出高电平
26     else PWM_OUT=0;
27   }
28   void main()            // 主函数
29   {
30     P3M0=0x00;P3M1=0x00;  // 设置P3口为准双向I/O口(传统51模式)
31     P2M0=0x00;P2M1=0x00;  // 设置P2口为准双向I/O口(传统51模式)
32     P1M0=0x00;P1M1=0x00;  // 设置P1口为准双向I/O口(传统51模式)
33     P5M0=0x00;P5M1=0x00;  // 设置P5口为准双向I/O口(传统51模式)
34     Timer0Init();         //调用T0初始化程序
35     ET0=1;                //允许T0中断
36     EA=1;                 //开放所有中断
37     PWM_CONT=10;          //舵机0°位置
38     while(1)              // while循环指令
39     {
40       if(KEY1==0)         // 判断S1是否按下
41       {
42         PWM_CONT=10;      //舵机0°位置
43       }
44       else if(KEY2==0)    // 判断S2是否按下
45       {
46         PWM_CONT=15;      //舵机90°位置
47       }
48       else if(KEY3==0)    // 判断S3是否按下
49       {
50         PWM_CONT=20;      //舵机180°位置
51       }
52       else if(KEY4==0)    // 判断S4是否按下
53       {
54         while(KEY4==0);
55         PWM_CONT++;
56         if(PWM_CONT>=21)  PWM_CONT=10;  //舵机0°~180°之间转动。
57       }
58     }
59   }
```

图 3-17 汽车舵机控制的源程序(续)

相关知识

1. 舵机的概念

舵机由直流电动机、减速齿轮组、传感器和控制电路组成。可通过发送信号,指定舵机输出轴旋转角度。舵机一般而言都有最大旋转角度(比如180°),它与普通直流电动机的区别主要是普通直流电动机是一圈圈转动的,但舵机一般只能在最大旋转角度内转动,不能一圈圈转(一个例外是数字舵机可以在舵机模式和电动机模式中切换,没有这个问题);普通直流电动机无法反馈转动的角度信息,而舵机可以。二者用途也不同,普通直流电动机一般是整圈转动作为动力用,舵机是控制某物体转动一定角度用(比如机器人的关节)。

2. MG995 舵机的简介

MG995 舵机的优点是价格便宜,使用金属齿轮,较为耐用。缺点是扭力比较小,所以负载不能太大,如果用于双足机器人之类则这款舵机不是很合适,因为双足机器人腿部受力太大。MG995 舵机更适合用于普通的六足机器人或者机械手,其实物如图 3-18 所示。

3. 舵机的组成

舵机的分解图如图 3-19 所示，其组成部分主要有直流电动机、减速齿轮组、电位器（作为角度传感器用）、控制电路板、壳体这几大部分。

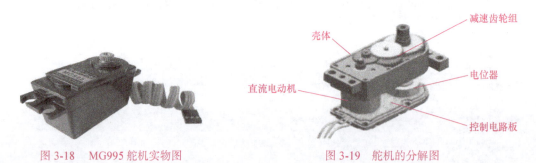

图 3-18　MG995 舵机实物图　　　　图 3-19　舵机的分解图

控制电路板主要是用来驱动直流电动机和接受电位器反馈回来的信息。电位器在这里的作用主要是通过其旋转后产生的电阻的变化，使控制电路板判断输出轴角度是否输出正确。减速齿轮组的作用主要是力量的放大，使小型直流电动机产生大扭矩。

4. 舵机的控制方法

舵机的伺服系统由可变宽度的脉冲来进行控制，控制线是用来传送该脉冲的。脉冲的参数有最小值、最大值和频率。一般而言，舵机的基准信号周期为 20ms，宽度为 1.5ms。这个基准信号定义的位置为中间位置。舵机有最大和最小旋转角度，中间位置的定义就是从这个位置到最大旋转角度与最小旋转角度的量完全一样。最重要的一点是，不同舵机的最大旋转角度可能不相同，但是其中间位置的脉冲宽度是一定的，那就是 1.5ms。舵机控制波形如图 3-20 所示。

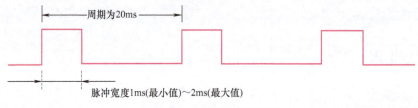

图 3-20　舵机控制波形图

旋转角度是由来自控制线的持续的脉冲所控制。这种控制方法叫作脉冲宽度调制（PWM）。脉冲的宽度决定舵机旋转多大角度。例如：1.5ms 脉冲会转到中间位置（对于 180° 舵机来说，就是 90° 位置）。当发出控制指令，让舵机转动到某一位置，并让它保持这个角度，这时外力的影响不会让其角度产生变化，但是舵机这个对抗外力的能力是有上限的，上限就是舵机的最大扭力。

当舵机接收到一个小于 1.5ms 的脉冲，输出轴会以中间位置为标准，逆时针旋转一定角度。接收到的脉冲大于 1.5ms 的情况则相反。不同品牌，甚至同一品牌的不同舵机，都会有不同的最大旋转角度和最小旋转角度。一般而言，最小脉冲宽度为 1ms，最大脉冲宽度为 2ms，如图 3-21 所示。

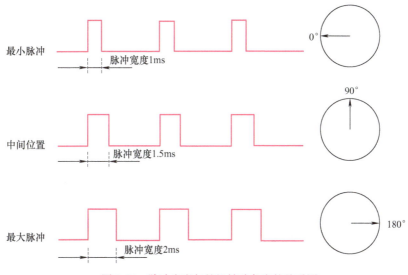

图 3-21 脉冲宽度与舵机转动角度的关系图

5. 舵机的引线

舵机的引线,一般为三线结构,红色为电源线,棕色为地线,黄色为控制线。控制舵机的时候,需要不断地提供 PWM 波才能使得舵机在某个角度有扭矩。

6. 程序设计思路

单片机定时器/计数器 T0 产生 100μs 定时中断,设一个 200 的计数器,产生一个 20ms 的周期波形,在 0～200 的计数过程中再加入 10～20 的计数器(用于产生 1～2ms 的脉宽),当计数值小于占空比控制器数值时 PWM 输出高电平,其他情况 PWM 输出低电平,由此可产生一个占空比为 10%～20%,周期为 20ms 的周期波形,即可实现舵机的 0°～180° 旋转并调节,程序设计流程图如图 3-22 所示。

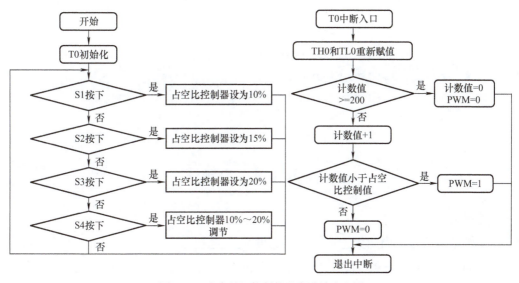

图 3-22 汽车舵机控制的程序设计流程图

7. 关键指令分析

（1）T0 初始化程序

```
void Timer0Init(void)    //100μs@22.1184MHz
{
    AUXR &= 0x7F;      //定时器时钟12T模式
    TMOD &= 0xF0;      //设置定时器模式
    TL0 = 0x48;        //设置定时初值
    TH0 = 0xFF;        //设置定时初值
    TF0 = 0;           //清除TF0标志
    TR0 = 1;           //定时器0开始计时
}
```

（2）T0 中断程序

```
void time0( ) interrupt 1
{
    TL0 = 0x48;TH0 = 0xFF;                      //设置定时初值
    if(cont>=200) {cont=0;PWM_OUT=0;}          //0~100计数器，计数值大于100时计数器清零
    else cont++;                                //计数值小于100时，计数器自加1操作
    if(cont<PWM_CONT) PWM_OUT=1;               //计数值大于PWM中间变量值时，PWM输出高电平
    else PWM_OUT=0;
}
```

（3）主程序对 T0 初始化程序的调用

```
Timer0Init( );      //调用T0初始化程序
ET0=1;              //允许T0中断
EA=1;               //开放所有中断
```

（4）按钮及 PWM 占空比调节

```
if(KEY1==0)
    {LED1=0;LED2=1;LED3=1;LED4=1;PWM_CONT=10;}   //判断S1是否按下
                                                  //L2灯点亮，舵机转到0°位置
else if(KEY2==0)                                  //判断S2是否按下
    {LED1=1;LED2=0;LED3=1;LED4=1;PWM_CONT=15;}   //L3灯点亮，舵机转到90°位置
else if(KEY3==0)                                  //判断S3是否按下
    {LED1=1;LED2=1;LED3=0;LED4=1;PWM_CONT=20; }  //L4灯点亮，舵机转到180°位置
else if(KEY4==0)                                  //判断S4是否按下
    {LED1=1;LED2=1;LED3=1;LED4=0;                //所有灯熄灭
     while(KEY4==0);                              //等待按键松开
     PWM_CONT++; if(PWM_CONT>=21)  PWM_CONT=10;}  //舵机0°~180°之间转动。
```

任务 3-4 习题

1. 舵机由_____、_____、_____和_____组成。

2. 舵机基准信号的周期为_____，宽度为_____。

3. 舵机的引线，一般为三线结构，红色为_____，棕色为_____，黄色为_____。

实操 3-4　汽车舵机控制学习工单

项目 3	汽车电动机控制		任务 3-4	汽车舵机控制	学时	2
姓名		学号		班级	日期	
团队成员						
任务要求	基本任务：设计一个舵机往返控制，要求按下 S1 后舵机从 0° 到 180° 自动转动，当舵机转到 180° 时短暂停留，再从 180° 到 0° 自动转动，当舵机转到 0° 时短暂停留，依次往返运动，在任意时刻按下 S2，舵机快速回到 0° 位置。注意：S1 按下后，舵机的工作与 S1 是否被松开无关。					
	拓展任务：在完成基本任务的基础上，实现舵机转动速度可调节。按下 S3 时快速转动，按下 S4 时慢速转动。					
	注意事项：因舵机工作电流较大，USB 供电不能正常工作，需要外接电源。完成拓展任务时不要让舵机长时间自动循环转动					

1. 电路设计

2. 程序思路

（续）

3. 基本任务功能测试
1）检查电路连接是否正确： 是□ 否□
2）检查程序下载器是否连接正常： 是□ 否□
3）下载程序到目标板是否完成： 是□ 否□
4）按下 S1，舵机可正向转动： 是□ 否□
5）舵机可反向回转： 是□ 否□
6）按下 S2，舵机可立即回初始位： 是□ 否□

4. 拓展任务功能测试
1）按下 S3，舵机快速转动： 是□ 否□
2）按下 S4，舵机慢速转动： 是□ 否□
3）S3、S4 松开，舵机正常转动： 是□ 否□

5. 检查展示
1）小组成员自查和互查，进行补充完善。

2）各小组推荐优秀作品进行展示解说。

6. 总结评价

序号	评价项目	配分	自评分	组长评分	教师评分	企业评分	备注
1	电路设计	15					
2	程序思路	20					
3	基本任务	20					
4	拓展任务	15					
5	检查展示	10					
6	劳动纪律	5					
7	积极主动	5					
8	工匠精神	5					
9	贡献大小	5					
	合计	100					

综合得分 = 自评分 ×10%+ 组长评分 ×20%+ 教师评分 ×40%+ 企业评分 ×30%=

7. 反思

项目 3 测评

序号	测评内容	是否具备该项能力	存在的主要问题
1	能编制程序控制电动机正反转	是□ 否□	
2	能编制程序控制电动机的 PWM 调速	是□ 否□	
3	能编制定时器程序	是□ 否□	
4	能编制程序控制舵机运转	是□ 否□	

项目 4
汽车仪表控制

本项目以汽车仪表显示控制、汽车燃油表控制、汽车里程表控制、汽车时钟控制为实例，介绍数码管动态显示、STC 单片机内部 A/D 转换器的应用、STC 单片机内部 EEPROM 的应用、汽车时钟等知识，通过对单片机学习开发板 TT3 的实践操作，掌握单片机在数码管显示、A/D 转换、EEPROM、时钟程序等方面的编程技巧。

知识目标

1）能描述数码管动态显示编程方法。
2）能描述 STC 单片机内部 A/D 转换器的应用方法。
3）能描述 STC 单片机内部 EEPROM 的应用方法。
4）能描述汽车时钟的编程方法。

技能目标

1）能编制汽车仪表显示控制程序。
2）能编制汽车燃油表控制程序。
3）能编制汽车里程表控制程序。
4）能编制汽车时钟控制程序。

 任务 4-1 汽车仪表显示控制

通过单片机控制，在 4 位 LED 数码管上显示数字，以此来模拟汽车上的各种仪表显示系统。

设计要求：在 4 位 LED 数码管上显示 "0123"。

1. 电路设计

汽车仪表显示控制的仿真电路如图 4-1 所示。

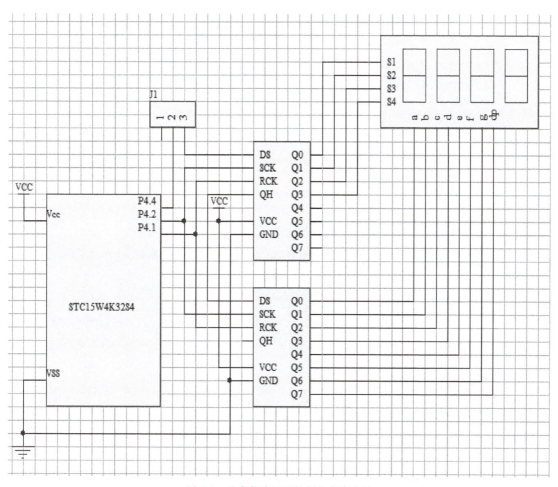

图 4-1 汽车仪表显示控制的仿真电路

单片机 P4.4 口接第一级 74HC595 的 DS 口，单片机 P4.2 口接第一、二级 74HC595 的 SCK 口，单片机 P4.1 口接第一、二级 74HC595 的 RCK 口，第一级 74HC595 的 QH 口与第二级 74HC595 的 DS 口相连接，形成串联结构，即可实现 16 个 I/O 口扩展。

第一级 74HC595 的 Q0～Q3 连接 4 位 LED 数码管的位选口 S1～S4，第二级 74HC595 的 Q0～Q7 连接 4 位 LED 数码管的段选口 a～g 和 dp，图 4-1 所示 4 位 LED 数码管为共阳极结构，当 S1 为高电平，a 为低电平时，第一位数码管的 a 段点亮。

2. 源程序设计（见图 4-2）

```c
1  #include "STC15F2K60S2.h"
2  sbit DIO =P4^4;          //串行数据输入
3  sbit RCLK=P4^1;          //时钟脉冲信号——上升沿有效
4  sbit SCLK=P4^2;          //打入信号——上升沿有效
5  unsigned char dat[]={0x3f,0x06,0x5b,0x4f,0x66,0x6d,0x7d,0x07,0x7f,0x6f};// 0～9 数字显示段码
6  unsigned char seg[]={0x01,0x02,0x04,0x08};//位码数组（第1位、第2位、第3位、第4位）
7  void delay(unsigned int x)              //延时程序
8  {unsigned int i,j;
9     for(i=x;i>0;i--)
10    { for(j=240;j>0;j--); }
11 }
12 void HC595_OUT(unsigned char X)    //74HC595输出子程序
13 { unsigned char i;
14    for(i=8;i>=1;i--)
15    { if (X&0x80) DIO=1; else DIO=0;
16      X<<=1;
17      SCLK = 0;
18      SCLK = 1;
19    }
20 }
21 void main( )              // 主函数
22 {unsigned char i;
23  P4M0=0x00;P4M1=0x00;    // 设置P4口为准双向I/O口（传统51模式）
24  while(1)
25  {for(i=0;i<4;i++)
26  { HC595_OUT(~dat[i]);   //发送数字"i"段码到数码管显示
27    HC595_OUT(seg[i]);    //发送第i位显示器显示的位码
28    RCLK = 0;             //锁存口置0
29    RCLK = 1;             //锁存口置1,将所有74HC595并行口上的数据允许输出,并锁存住
30    delay(10);            //适当延时
31 }}}
```

图 4-2 汽车仪表显示控制的源程序

相关知识

1. LED 数码管的结构及原理

LED 数码管的结构及连接方式如图 4-3 所示。

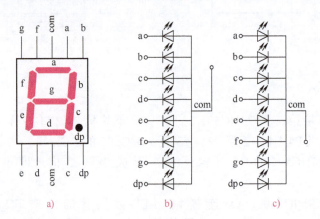

图 4-3 LED 数码管的结构及连接方式图
a) 结构 b) 共阳极连接方式 c) 共阴极连接方式

图 4-3 所示连接方式中有将 LED 数码管所有段的阳极连接起来形成的共阳极的连接方式，也有将所有段的阴极连接起来形成的共阴极的连接方式。共阳极连接时，com 口接

入高电平，相应段接入低电平时点亮。共阴极连接时，com口接入低电平，相应段接入高电平时点亮。

单片机驱动时需要考虑进入LED数码管的电流大小，电流过大会烧毁LED数码管，电流过小则LED数码管点亮时亮度不够。正常工作时LED数码管需要10mA左右的电流。单片机驱动共阳极LED数码管时，LED数码管com口接5V电源，LED数码管各段和单片机连接时需要接入限流电阻，一般约为1kΩ左右，可根据实际亮度进行大小调节。

2. LED数码管字形编码

若将数值0送至单片机的P1口，LED数码管上不会显示数字"0"。显然，要使LED数码管显示出数字或字符，直接将相应的数字或字符送至LED数码管的段选口是不行的，必须使段选口输入相应的字形编码。

将单片机P1口的P1.0～P1.7的8个引脚依次与数码管的a～f和dp的8个引脚相连接。如果使用的是共阳极LED数码管，com端接5V，要显示数字"0"，则LED数码管的a、b、c、d、e、f 6个段应点亮，其他段熄灭，需向P1口传送数据11000000B（C0H），该数据就是与字符"0"相对应的共阳极字形编码。若共阴极LED数码管com端接地，要显示数字"1"，则LED数码管的b、c两段点亮，其他段熄灭，需向P1口传送数据00000110（06H），这就是字符"1"的共阴极字形编码。

3. 静态显示

静态显示是指LED数码管显示某一字符时，相应的LED恒定导通或恒定截止。这种显示方式的各位LED数码管的com端恒定接地（共阴极）或5V（共阳极）。每个LED数码管8个段的引脚分别与一个8位I/O口相连。只要I/O口有字形编码输出，LED数码管就显示给定字符，并保持不变，直到I/O口输出新的字形编码。

4. 动态显示

动态显示是一种按位轮流点亮各位LED数码管的显示方式，即在某一时段，只让其中1位LED数码管的位选口有效，并送出相应的字形编码。此时，其他位的LED数码管因位选口无效而都处于熄灭状态；下一时段按顺序选通另外1位LED数码管，并送出相应的字形编码，依此规律循环下去，即可使各位LED数码管分别间断地显示出相应的字符。这一过程称为动态扫描显示。

动态显示是一位一位轮流点亮各位LED数码管的，因此要考虑每一位点亮的保持时间和间隔时间。保持时间太短，则发光太弱而人眼无法看清；时间太长，则间隔时间也将太长，使人眼看到的数字闪烁。在程序中要合理选择合适的保持时间和间隔时间，而循环次数则正比于显示的变化速度。

5. 4位LED数码管

4位LED数码管如图4-4所示。

6. 程序编程思路

利用两片74HC595对单片机I/O口进行扩展，第一级连接4位LED数码管的位选口，第二级连接4位LED数码管的段选口，单片机程序编写时需要先发段选数据，再发位选数据，最后对 74HC595 进行锁存输出操作，此时即可对 4 位 LED 数码管的选中位进行数码显示，其程序流程图如图 4-5 所示。

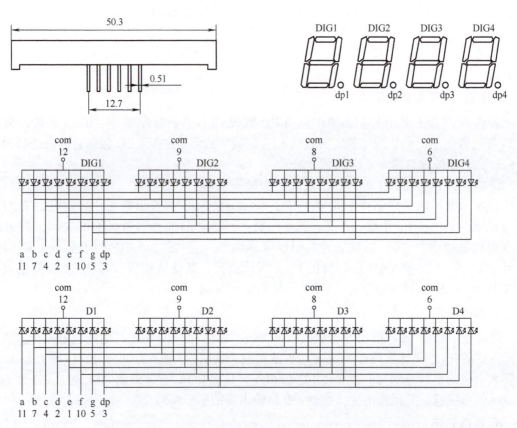

图 4-4 4 位 LED 数码管

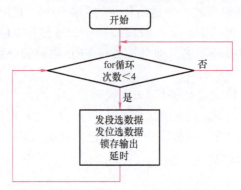

图 4-5 汽车仪表显示控制程序流程图

7. 关键指令分析

（1）74HC595 输出子程序（见图 4-6）

```
void HC595_OUT(unsigned char X)     //74HC595输出子程序
{ unsigned char i;
  for(i=8;i>=1;i--)
    { if (X&0x80) DIO=1; else DIO=0;
      X<<=1;
      SCLK = 0;
      SCLK = 1;
    }
}
```

图 4-6　74HC595 输出子程序

（2）4 位 LED 数码管显示子程序（见图 4-7）

```
for(i=0;i<4;i++)
{ HC595_OUT(~dat[i]);   //发送数字"i"段码到数码管显示
  HC595_OUT(seg[i]);    //发送第i位显示器显示的位码
  RCLK = 0;             //锁存脚置0
  RCLK = 1;             //锁存脚置1,将所有74HC595并行口上的数据允许输出,并锁存住。
  delay(10);            //适当延时
}
```

图 4-7　4 位 LED 数码管显示子程序

任务 4-1　习题

1. 74HC595 级联使用时，第一级的_____脚和第二级芯片的_____脚相连。
2. 描述共阳极和共阳极 LED 数码管的区别。
3. 描述 LED 数码管动态扫描显示的工作原理。

实操 4-1　汽车仪表显示控制学习工单

项目 4	汽车仪表控制		任务 4-1	汽车仪表显示控制	学时	2
姓名		学号		班级	日期	
团队成员						
任务要求	基本任务：设计显示"4567"字符。 拓展任务：设一个按键信息显示电路。按下 S1，显示"5--1"；按下 S2，显示"5--2"；按下 S3，显示"5--3"；按下 S4，显示"5--4"。					

1. 电路设计

（续）

2. 程序思路

3. 基本任务功能测试
1）检查电路连接是否正确： 是□ 否□
2）检查程序下载器是否连接正常： 是□ 否□
3）下载程序到目标板是否完成： 是□ 否□
4）显示"4567"数字是否成功： 是□ 否□

4. 拓展任务功能测试
1）按下 S1，显示"5--1"： 是□ 否□
2）按下 S2，显示"5--2"： 是□ 否□
3）按下 S3，显示"5--3"： 是□ 否□
4）按下 S4，显示"5--4"： 是□ 否□

5. 检查展示
1）小组成员自查和互查，进行补充完善。
2）各小组推荐优秀作品进行展示解说。

6. 总结评价

序号	评价项目	配分	自评分	组长评分	教师评分	企业评分	备注
1	电路设计	15					
2	程序思路	20					
3	基本任务	20					
4	拓展任务	15					
5	检查展示	10					
6	劳动纪律	5					
7	积极主动	5					
8	工匠精神	5					
9	贡献大小	5					
	合计	100					

综合得分 = 自评分 ×10%+ 组长评分 ×20%+ 教师评分 ×40%+ 企业评分 ×30%= ☐

7. 反思

任务 4-2　汽车燃油表控制

目的与要求

通过单片机控制，转动连接在单片机引脚上的电位器，实现模拟电压信号的读取，在 LED 数码管上显示出模拟信号转换成的数字信号，以此来模拟汽车燃油表显示。

设计要求：转动 P1.5 口上的电位器，数码管显示 A/D 转换数据。

1. 电路设计

汽车燃油表控制的仿真电路如图 4-8 所示。

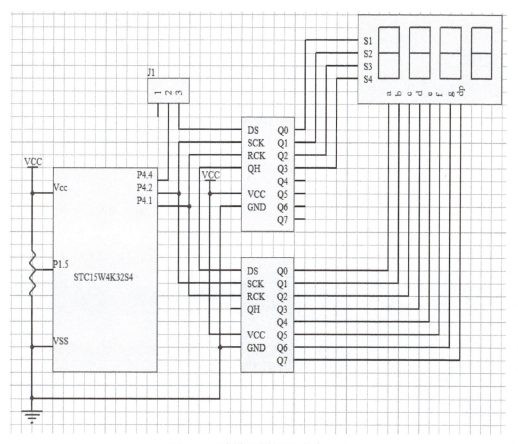

图 4-8　汽车燃油表控制的仿真电路

2. 源程序设计（见图4-9）

```
1  //4_2.c//////////////////
2  #include "STC15F2K60S2.h"
3  #define KONG_ZHI P0
4  #define SHU_JU P2
5  sbit DIO =P4^4;              //串行数据输入
6  sbit RCLK=P4^1;              //时钟脉冲信号——上升沿有效
7  sbit SCLK=P4^2;              //打入信号——上升沿有效
8  unsigned char dat[]={0x3f,0x06,0x5b,0x4f,0x66,0x6d,0x7d,0x07,0x7f,0x6f};// 0～9 数字显示段码
9  unsigned char seg[]={0x01,0x02,0x04,0x08};//位码数组（第1位、第2位、第3位、第4位）
10 unsigned int  AD_D;                       //取A/D转换值
11 unsigned char ad_p[4];                    //A/D转换值取出千、百、十、个位后存放位置。
12 void InitADC();                           //内部A/D转换初始化程序
13 unsigned char GetADCResult(unsigned char ch); //取内部10位A/D转换数据
14 unsigned int  get_adc(unsigned char ch);  //读相应通道的A/D转换数值
15 void delay(unsigned int x)                //延时程序
16 {unsigned int i,j;
17   for(i=x;i>0;i--)
18   { for(j=240;j>0;j--); }
19 }
20 void HC595_OUT(unsigned char X)   //74HC595输出子程序
21 { unsigned char i;
22   for(i=8;i>=1;i--)
23   { if (X&0x80) DIO=1; else DIO=0;
24     X<<=1;
25     SCLK = 0;     SCLK = 1;
26   }
27 }
28 void display()
29 {unsigned char i;
30  for(i=0;i<4;i++)
31  { HC595_OUT(~dat[ad_p[i]]);    //发送数字"i"段码到LED数码管显示
32    HC595_OUT(seg[i]);           //发送第i位显示的位码
33    RCLK = 0;                    //锁存脚置0
34    RCLK = 1;                    //锁存脚置1，将所有74HC595并行口上的数据允许输出，并锁存住
35    delay(10);                   //适当延时
36  }
37 }
38 void main()                     //主程序
39 {P4M0=0x00;P4M1=0x00;            //设置P4口为准双向I/O口（传统8051模式）
40  InitADC();
41  while(1)
42  {AD_D=get_adc(5);               //取通道5(P1.5)的A/D转换数据
43   ad_p[0]=(AD_D%10000)/1000;     //取A/D转换值的千位
44   ad_p[1]=(AD_D%1000)/100;       //取A/D转换值的百位
45   ad_p[2]=(AD_D%100)/10;         //取A/D转换值的十位
46   ad_p[3]= AD_D%10;              //取A/D转换值的个位
47   display();                     //在LED数码管上显示数据
48  }
49 }
50 unsigned int get_adc(unsigned char ch)//读相应通道的A/D转换数据值
51 {unsigned int  adc_r;
52  adc_r=GetADCResult(ch)*4+ADC_RESL;    //将A/D转换结果高位数据和低位数据组合
53  return(adc_r);                        //返回A/D转换结果
54 }
55 unsigned char GetADCResult(unsigned char ch)  //取内部10位A/D转换数据
56 { ADC_CONTR = 0x88 | ch ;       //打开电源开关，转换速度为540个时钟周期，通道为ch，启动A/D转换
57   while (!(ADC_CONTR & 0x10));  //等待A/D转换结束
58   ADC_CONTR &= ~0x10;           //关闭A/D转换，对转换结束标志清零
59   return ADC_RES;               //返回A/D转换结果高位寄存器数据
60 }
61 void InitADC()                  //内部A/D转换初始化程序
62 {  P1ASF=0x07;                  //设置P1口为模拟输入（A/D转换功能）
63    ADC_RES = 0;                 //A/D转换结果高位寄存器清零
64    ADC_CONTR = 0x80;            //打开A/D转换器电源开关
65    delay(100);                  //A/D延时
66 }
```

图4-9 汽车燃油表控制的源程序

相关知识

1. STC15W4K32S4 系列单片机内部 A/D 转换器简介

STC15W4K32S4 系列单片机内部集成了 8 路 10 位高速 A/D 转换器，A/D 转换器的结构如图 4-10 所示。

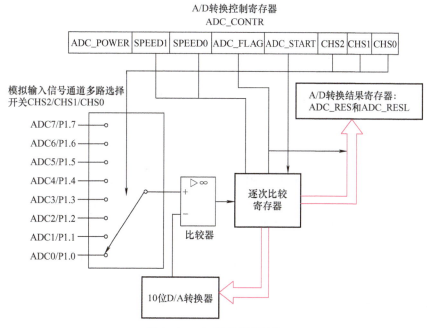

图 4-10 A/D 转换器的结构

当 CLK_DIV.5（PCON2.5）/ADRJ = 0 时，A/D 转换结果寄存器格式如下：

ADC_RES[7:0]	ADC_B9	ADC_B8	ADC_B7	ADC_B6	ADC_B5	ADC_B4	ADC_B3	ADC_B2
	—	—	—	—	—	—	ADC_B1	ADC_B0	ADC_RESL[1:0]

当 CLK_DIV.5（PCON2.5）/ADRJ = 1 时，A/D 转换结果寄存器格式如下：

						ADC_RES[1:0]	
—	—	—	—	—	—	ADC_B9	ADC_B8
	ADC_B7	ADC_B6	ADC_B5	ADC_B4	ADC_B3	ADC_B2	ADC_B1	ADC_B0	ADC_RESL[7:0]

STC15 系列单片机 A/D 转换器由多路选择开关、比较器、逐次比较寄存器、10 位 D/A 转换器、A/D 转换结果寄存器（ADC_RES 和 ADC_RESL）以及 ADC_CONTR 构成。STC15 系列单片机的 A/D 转换器是逐次比较型 A/D 转换器。逐次比较型 A/D 转换器由一个比较器和 D/A 转换器构成，通过逐次比较逻辑，从最高位（MSB）开始，顺序地对每一个输入电压与内置 D/A 转换器的输出进行比较，经过多次比较，使转换所得的数字量逐次逼近输入模拟量对应值。逐次比较型 A/D 转换器具有速度高、功耗低等优点。

从图 4-10 可以看出，通过多路选择开关，将通过 ADC0～ADC7 的模拟量输入送给比较器。用 D/A 转换器转换的模拟量与输入的模拟量通过比较器进行比较，将比较结果保存到逐次比较寄存器，并通过逐次比较寄存器输出转换结果。A/D 转换结束后，最终的转换结果保存到 A/D 转换结果寄存器 ADC_RES 和 ADC_RESL，同时，置位 A/D 转换控制寄存器 ADC_CONTR 中的 A/D 转换结束标志位 ADC_FLAG，以供程序查询或发出中断申请。模拟通道的选择由 A/D 转换控制寄存器 ADC_CONTR 中的 CHS2～CHS0 确定。A/D 转换器的转换速度由 A/D 转换控制寄存器中的 SPEED1 和 SPEED0 确定。

在使用 A/D 转换器之前，应先给 A/D 转换器上电，也就是置位 A/D 转换控制寄存器中的 ADC_POWER 位。

当 ADRJ=0 时，如果取 10 位结果，则计算方法为

$$(ADC\_RES[7:0], ADC\_RESL[1:0]) = 1024 \times \frac{V\text{in}}{V\text{cc}}$$

当 ADRJ=0 时，如果取 8 位结果，则计算方法为

$$(ADC\_RES[7:0]) = 256 \times \frac{V\text{in}}{V\text{cc}}$$

当 ADRJ=1 时，如果取 10 位结果，则计算方法为

$$(ADC\_RES[1:0], ADC\_RESL[7:0]) = 1024 \times \frac{V\text{in}}{V\text{cc}}$$

式中，Vin 为模拟输入通道输入电压，Vcc 为单片机实际工作电压，用单片机工作电压作为模拟参考电压。

2. P1 口模拟功能控制寄存器 P1ASF

STC15 系列单片机的 A/D 转换口在 P1 口（P1.7～P1.0），它有 8 路 10 位高速 A/D 转换器，速度可达到 300kHz（30 万次 /s）。8 路电压输入型 A/D 转换器，可用于温度检测、电池电压检测、按键扫描、频谱检测等。上电复位后 P1 口为弱上拉型 I/O 口，用户可以通过软件设置将 8 路中的任何一路设置为 A/D 转换口，不需要作为 A/D 转换口使用的 P1 口可继续作为 I/O 口使用（建议只作为输入）。作为 A/D 转换口使用的 P1 口需在使用前先将 P1ASF 特殊功能寄存器中的相应位置 1，以此将相应的 P1 口设置为 A/D 转换功能。P1ASF 寄存器的格式图 4-11 所示，它是只写寄存器，读无效。

3. A/D 转换器控制寄存器 ADC_CONTR

ADC_CONTR 控制寄存器的格式如图 4-12 所示。

1）ADC_POWER：A/D 转换器电源控制位。

0，关闭 A/D 转换器电源。

1，打开 A/D 转换器电源。

项目4 汽车仪表控制

SFR名称	地址	位	B7	B6	B5	B4	B3	B2	B1	B0
P1ASF	9DH	名称	P17ASF	P16ASF	P15ASF	P14ASF	P13ASF	P12ASF	P11ASF	P10ASF

P1ASF[7:0]	P1.x的功能	
P1ASF.0=1	P1.0口作为模拟功能A/D转换口使用	其中P1ASF寄存器地址为[9DH](不能够进行位寻址)
P1ASF.1=1	P1.1口作为模拟功能A/D转换口使用	
P1ASF.2=1	P1.2口作为模拟功能A/D转换口使用	
P1ASF.3=1	P1.3口作为模拟功能A/D转换口使用	
P1ASF.4=1	P1.4口作为模拟功能A/D转换口使用	
P1ASF.5=1	P1.5口作为模拟功能A/D转换口使用	
P1ASF.6=1	P1.6口作为模拟功能A/D转换口使用	
P1ASF.7=1	P1.7口作为模拟功能A/D转换口使用	

图4-11 P1ASF寄存器的格式图

SFR名称	地址	位	B7	B6	B5	B4	B3	B2	B1	B0
ADC_CONTR	BCH	名称	ADC_POWER	SPEED1	SPEED0	ADC_FLAG	ADC_START	CHS2	CHS1	CHS0

图4-12 ADC-CONTR控制寄存器的格式图

建议进入空闲模式和掉电模式前,将A/D转换器电源关闭,即ADC_POWER=0,可降低功耗。启动A/D转换前一定要确认A/D转换器电源已打开,A/D转换结束后关闭A/D转换器电源可降低功耗,也可不关闭。初次打开内部A/D转换器电源需适当延时,等电源稳定后,再启动A/D转换。启动A/D转换后,在A/D转换结束之前,不改变任何I/O口的状态,有助于高精度A/D转换。

2)SPEED1、SPEED0:它们是A/D转换器转换速度控制位,如图4-13所示。

SPEED1	SPEED0	A/D转换所需时间
1	1	90个时钟周期转换一次,CPU工作频率为27MHz时,A/D转换速度约300kHz(=27MHz÷90)
1	0	180个时钟周期转换一次
0	1	360个时钟周期转换一次
0	0	540个时钟周期转换一次

图4-13 A/D转换器转换速度控制位

3)ADC_FLAG:A/D转换器转换结束标志位,当A/D转换完成后,ADC_FLAG=1,要由软件清零,不管是A/D转换完成后由该位申请产生中断,还是由软件查询该标志位以了解A/D转换是否结束。

4)ADC_START:A/D转换器转换启动控制位,置1时开始转换,转换结束后为0。

5)CHS2/CHS1/CHS0:它们用于模拟量输入通道选择,如图4-14所示。

CHS2	CHS1	CHS0	模拟量输入通道选择
0	0	0	选择P1.0口作为模拟量输入通道
0	0	1	选择P1.1口作为模拟量输入通道
0	1	0	选择P1.2口作为模拟量输入通道
0	1	1	选择P1.3口作为模拟量输入通道
1	0	0	选择P1.4口作为模拟量输入通道
1	0	1	选择P1.5口作为模拟量输入通道
1	1	0	选择P1.6口作为模拟量输入通道
1	1	1	选择P1.7口作为模拟量输入通道

图 4-14　模拟量输入通道选择

4. A/D 转换器转换结果调整寄存器位

A/D 转换器转换结果调整寄存器位，即 ADRJ 位于寄存器 CLK_DIV 中，用于控制 A/D 转换器转换结果存放的位置。寄存器 CLK_DIV 如图 4-15 所示。

助记符	地址	名称	B7	B6	B5	B4	B3	B2	B1	B0	复位值
CLK_DIV	97H	时钟分频寄存器	MCKO_S1	MCKO_S0	ADRJ	Tx_Rx	MCLKO_2	CLKS2	CLKS1	CLKS0	0000, x000

图 4-15　A/D 转换器转换结果调整寄存器

ADRJ：A/D 转换器转换结果调整。

0，ADC_RES[7：0] 存放高 8 位 A/D 转换结果，ADC_RESL[1：0] 存放低 2 位 A/D 转换结果。

1，ADC_RES[1：0] 存放高 2 位 A/D 转换结果，ADC_RESL[7：0] 存放低 8 位 A/D 转换结果。

5. 程序设计思路

STC15 单片机通过内部 A/D 转换器检测 P1.5 引脚连接的电位器中心抽头分得的电压值，此程序直接将检测到的 A/D 转换值显示出来，不作其他处理，汽车燃油表控制程序设计流程图如图 4-16 所示。

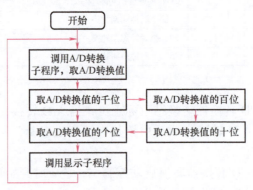

图 4-16　汽车燃油表控制程序设计流程图

6. 关键指令分析

（1）显示子程序（见图 4-17）

```
void display( )
{unsigned char i;
for(i=0;i<4;i++)
{ HC595_OUT(~dat[ad_p[i]]);   //发送数字"i"段码到LED数码管显示
  HC595_OUT(seg[i]);          //发送第i位显示的位码
  RCLK = 0;                   //锁存脚置0
  RCLK = 1;                   //锁存脚置1,将所有74HC595并行口上的数据允许输出,并锁存住
  delay(10);                  //适当延时
}
}
```

图 4-17 显示子程序

（2）主程序中的关键指令（见图 4-18）

```
InitADC( );
while(1)
{AD_D=get_adc(5);           //取通道5(P1.5)的A/D转换数据
ad_p[0]=(AD_D%10000)/1000;  //取A/D转换值的千位
ad_p[1]=(AD_D%1000)/100;    //取A/D转换值的百位
ad_p[2]=(AD_D%100)/10;      //取A/D转换值的十位
ad_p[3]=AD_D%10;            //取A/D转换值的个位
display();                  //在LED数码管上显示数据
```

图 4-18 主程序中的关键指令

（3）读相应通道的 A/D 转换数据值子程序（见图 4-19）

```
unsigned int get_adc(unsigned char ch)  //读相应通道的A/D转换数据值
{unsigned int  adc_r;
adc_r=GetADCResult(ch)*4+ADC_RESL;      //将A/D转换结果高位数据和低位数据组合
return(adc_r);                          //返回A/D转换结果
}
```

图 4-19 读相应通道的 A/D 转换数据值子程序

（4）取内部 10 位 A/D 转换数据子程序（见图 4-20）

```
unsigned char GetADCResult(unsigned char ch)  //取内部10位A/D转换数据
{ ADC_CONTR = 0x88 | ch;          //打开电源开关,转换速度为540个时钟周期
  while (!(ADC_CONTR & 0x10));    //等待A/D转换结束
  ADC_CONTR &= ~0x10;             //关闭A/D转换,对转换结束标志清零
  return ADC_RES;                 //返回A/D转换结果高位寄存器数据
}
```

图 4-20 取内部 10 位 A/D 转换数据子程序

（5）内部 A/D 转换初始化程序（见图 4-21）

```
void InitADC( )            //内部A/D转换初始化程序
{ P1ASF=0x07;              //设置P1口为模拟输入(A/D转换功能)
  ADC_RES = 0;             //A/D转换结果高位寄存器清零
  ADC_CONTR = 0x80;        //打开A/D转换器电源开关
  delay(100);              //A/D转换延时
}
```

图 4-21 内部 A/D 转换初始化程序

任务 4-2 习题

1．STC15W4K32S4 系列单片机内部集成了_____路_____位高速 A/D 转换器。

2．在使用 A/D 转换器之前，应先给 A/D 转换器上电，置位 A/D 转换控制寄存器中的_____位。

3. 模拟通道的选择由 A/D 转换控制寄存器 ADC_CONTR 中的_____确定。

实操 4-2　汽车燃油表控制学习工单

项目 4	汽车仪表控制	任务 4-2	汽车燃油表控制	学时	2
姓名		学号		班级		日期	
团队成员	
任务要求	基本任务：设计 1 个汽车燃油表显示与控制系统，要求用 4 个 LED 灯来显示燃油箱燃油量的高低，满燃油时 4 个 LED 灯全亮，燃油量下降时亮 3 个 LED 灯，再下降时亮 2 个 LED 灯，再下降时亮 1 个 LED 灯，燃油量到底时 LED 灯全灭。当 LED 灯亮的个数不大于 1 时，控制蜂鸣器报警，LED 灯亮的个数大于 1 时，关闭蜂鸣器报警。 拓展任务：设计 1 个自动前照灯电路，当用手电筒照射光敏电阻时，LED 灯全打开，照射移开时，LED 灯全灭。利用 LED 数码管显示当前检测到的 A/D 转换值。

1. 电路设计

2. 程序思路

（续）

3. 基本任务功能测试
1）检查电路连接是否正确： 是□ 否□
2）检查程序下载器是否连接正常： 是□ 否□
3）下载程序到目标板是否完成： 是□ 否□
4）转动电位器，亮 4 个 LED 灯： 是□ 否□
5）反转电位器，亮 3 个 LED 灯： 是□ 否□
6）反转电位器，亮 2 个 LED 灯： 是□ 否□
7）反转电位器，亮 1 个 LED 灯，报警： 是□ 否□
8）反转电位器，LED 灯全灭，报警： 是□ 否□

4. 拓展任务功能测试
1）用手捂住光敏电阻，LED 灯全亮： 是□ 否□
2）松开手，LED 灯全灭： 是□ 否□
3）LED 数码管显示当前检测的 A/D 转换的值： 是□ 否□

5. 检查展示
1）小组成员自查和互查，进行补充完善。

2）各小组推荐优秀作品进行展示解说。

6. 总结评价

序号	评价项目	配分	自评分	组长评分	教师评分	企业评分	备注
1	电路设计	15					
2	程序思路	20					
3	基本任务	20					
4	拓展任务	15					
5	检查展示	10					
6	劳动纪律	5					
7	积极主动	5					
8	工匠精神	5					
9	贡献大小	5					
	合计	100					

综合得分 = 自评分 ×10%+ 组长评分 ×20%+ 教师评分 ×40%+ 企业评分 ×30%=

7. 反思

任务 4-3　汽车里程表控制

目的与要求

通过单片机控制，检测相应的 S1 按下的次数，并显示出来，要求在单片机断电后计数值不会丢失，以此来模拟汽车里程表控制。

设计要求：S1 按下时，计数器不操作，S1 松开时，计数器加 1 操作，单片机在任意时刻断电后再次上电时计数值保持原来的数据，要求将计数器的值写入 STC15 单片机内部的 EEPROM，通过 LED 数码管显示计数器值。

1. 电路设计

汽车里程表控制的仿真电路如图 4-22 所示。

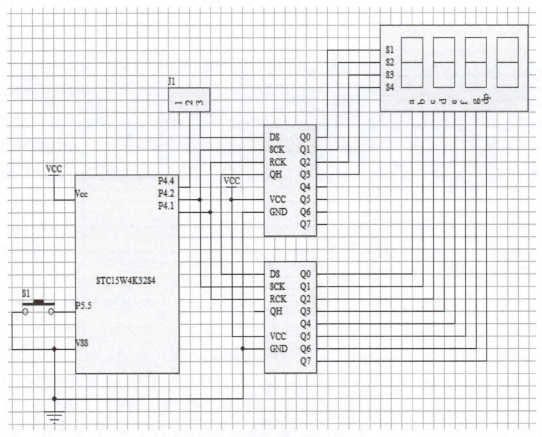

图 4-22　汽车里程表控制的仿真电路

2. 源程序设计（见图 4-23）

```c
1   //4_3.c//////////////////
2   #include "STC15F2K60S2.h"
3   sbit DIO =P4^4;           //串行数据输入
4   sbit RCLK=P4^1;           //时钟脉冲信号——上升沿有效
5   sbit SCLK=P4^2;           //打入信号——上升沿有效
6   sbit key=P5^5;            //模拟速度传感器输入
7   unsigned char dat[]={0x3f,0x06,0x5b,0x4f,0x66,0x6d,0x7d,0x07,0x7f,0x6f};//"0"-"9"数字显示段码
8   unsigned char seg[]={0x01,0x02,0x04,0x08};        //位码数组（第1位、第2位、第3位、第4位）
9   unsigned int L_C;         //里程计数器
10  unsigned char ad_p[4];    //千、百、十、个位存放位置
11  void delay(unsigned int x)    //延时程序
12  {unsigned int i,j;
13    for(i=x;i>0;i--)
14    { for(j=240;j>0;j--); }
15  }
16  void IapIdle()            //关闭IAP
17  {
18    IAP_CONTR = 0;          //关闭IAP功能
19    IAP_CMD = 0;            //清除命令寄存器
20    IAP_TRIG = 0;           //清除触发寄存器
21    IAP_ADDRH = 0x80;       //将地址设置到非IAP区域
22    IAP_ADDRL = 0;
23  }
24  unsigned char Read(unsigned int addr)  //从ISP/IAP/EEPROM区域读取一字节
25  {unsigned char dat;       //数据缓冲区
26    IAP_CONTR =0X82;        //使能IAP
27    IAP_CMD = 1;            //设置IAP命令
28    IAP_ADDRL = addr;       //设置IAP低地址
29    IAP_ADDRH = addr >> 8;  //设置IAP高地址
30    IAP_TRIG = 0x5a;        //写触发命令(0x5a)
31    IAP_TRIG = 0xa5;        //写触发命令(0xa5)
32    dat = IAP_DATA;         //读ISP/IAP/EEPROM数据
33    IapIdle();              //关闭IAP功能
34    return dat;             //返回
35  }
36  void Write(unsigned int addr,unsigned char dat)  //写一字节数据到ISP/IAP/EEPROM区域
37  {IAP_CONTR = 0X82;        //使能IAP
38    IAP_CMD = 2;            //设置IAP命令
39    IAP_ADDRL = addr;       //设置IAP低地址
40    IAP_ADDRH = addr >> 8;  //设置IAP高地址
41    IAP_DATA = dat;         //写ISP/IAP/EEPROM数据
42    IAP_TRIG = 0x5a;        //写触发命令(0x5a)
43    IAP_TRIG = 0xa5;        //写触发命令(0xa5)
44    IapIdle();              //关闭IAP功能
45  }
46  void Erase(unsigned int addr)   //扇区擦除
47  {IAP_CONTR = 0X82;        //使能IAP
48    IAP_CMD = 3;            //设置IAP命令
49    IAP_ADDRL = addr;       //设置IAP低地址
50    IAP_ADDRH = addr >> 8;  //设置IAP高地址
51    IAP_TRIG = 0x5a;        //写触发命令(0x5a)
52    IAP_TRIG = 0xa5;        //写触发命令(0xa5)
53    IapIdle();              //关闭IAP功能
54  }
55  void HC595_OUT(unsigned char X)   //74HC595输出子程序
56  { unsigned char i;
57    for(i=8;i>=1;i--)
58    {
59      if (X&0x80) DIO=1; else DIO=0;
60      X<<=1;
61      SCLK = 0; SCLK = 1;
62    }
63  }
64  void display()
65  {unsigned char i;
66    for(i=0;i<4;i++)
67    { HC595_OUT(~dat[ad_p[i]]);   //发送数字"i"段码到数码管显示
68      HC595_OUT(seg[i]);          //发送第i位显示器显示的位码
69      RCLK = 0;                   //锁存脚置0
70      RCLK = 1;                   //锁存脚置1,将所有74HC595并行口上的数据允许输出,并锁存住
71      delay(10);                  //适当延时
72    }
73  }
```

图 4-23 汽车里程表控制的源程序设计

```
74  void main( )                              //主函数
75  {
76   P4M0=0x00;P4M1=0x00;                     //设置P4口为准双向I/O口(传统51模式)
77   delay(100);                              //开机适当延时
78   L_C=Read(0x0000)*256+Read(0x0001);       //读里程数据的高8位和低8位。
79   if(L_C>9999)                             //里程计数最大值9999
80    L_C=0;                                  //里程超过9999后清零
81   Erase(0x0000);                           //擦除0x0000扇区所有内容
82   Write(0x0000,L_C/256);                   //取出里程数据的高8位存入0x0000地址
83   Write(0x0001,L_C%256);                   //取出里程数据的低8位存入0x0001地址
84   }
85   while(1)
86   {if(key==0)                              //检测按钮S1是否按下
87    {
88    while(key==0);                          //等待按钮S1松开
89    if(L_C<9999) L_C++;                     //里程小于9999时,里程加1
90    else L_C=0;                             //里程超过9999时,里程清零
91    Erase(0x0000);                          //擦除0x0000扇区所有内容
92    Write(0x0000,L_C/256);                  //取出里程数据的高8位存入0x0000地址
93    Write(0x0001,L_C%256);                  //取出里程数据的低8位存入0x0001地址
94    }
95    ad_p[0]=(L_C%10000)/1000;               //取出里程的千位
96    ad_p[1]=(L_C%1000)/100;                 //取出里程的百位
97    ad_p[2]=(L_C%100)/10;                   //取出里程的十位
98    ad_p[3]=L_C%10;                         //取出里程的个位
99    display( );                             //显示里程数据
100   }
101  }
102
```

图 4-23 汽车里程表控制的源程序设计（续）

1. STC15 系列单片机 EEPROM 的应用

STC15 系列单片机内部集成了大容量的 EEPROM，其与程序空间是分开的。利用 ISP/IAP 技术可将内部 Data Flash 当 EEPROM 使用，擦写次数在 10 万次以上。EEPROM 可分为若干个扇区，每个扇区包含 512 个字节。使用时，建议同一次修改的数据放在同一个扇区，不是同一次修改的数据放在不同的扇区，不一定要用满。数据存储器的擦除操作是按扇区进行的。

EEPROM 可用于保存一些需要在应用过程中修改并且掉电后不能丢失的参数数据。在用户程序中，可以对 EEPROM 进行字节读/字节编程/扇区擦除操作。但在工作电压 Vcc 偏低时，建议不要进行 EEPROM/IAP 操作。

2. IAP 及 EEPROM 新增特殊功能寄存器介绍

（1）ISP/IAP 数据寄存器 IAP_DATA　IAP_DATA 是 ISP/IAP 操作时的数据寄存器。ISP/IAP 从 Flash 读出的数据放在此处，向 Flash 写入的数据也需放在此处。

（2）ISP/IAP 地址寄存器 IAP_ADDRH 和 IAP_ADDRL

1）IAP_ADDRH：ISP/IAP 操作时的地址寄存器高 8 位。

2）IAP_ADDRL：ISP/IAP 操作时的地址寄存器低 8 位。

（3）ISP/IAP 命令寄存器 IAP_CMD　ISP/IAP 命令寄存器 IAP_CMD 格式如图 4-24 所示。

程序在用户应用程序区时，仅可以对 Data Flash 区（EEPROM）进行字节读/字节编程/扇区擦除操作。但 IAP15 系列除外，IAP15 系列可在用户应用程序区修改用户应用程序区本身。

项目4 汽车仪表控制

SFR名称	地址	位	B7	B6	B5	B4	B3	B2	B1	B0
IAP_CMD	C5H	名称	—	—	—	—	—	—	MS1	MS0

MS1	MS0	命令/操作、模式选择
0	0	待机模式，无ISP操作
0	1	从用户的应用程序区对"Data Flash/EEPROM区"进行字节读操作
1	0	从用户的应用程序区对"Data Flash/EEPROM区"进行字节编程操作
1	1	从用户的应用程序区对"Data Flash/EEPROM区"进行扇区擦除操作

图 4-24 IAP_CMD 的格式图

（4）ISP/IAP 命令触发寄存器 IAP_TRIG　IAP_TRIG 是 ISP/IAP 操作时的命令触发寄存器。在 IAPEN=1 时，对 IAP_TRIG 先写入 5AH，再写入 A5H，ISP/IAP 命令才会生效。

ISP/IAP 操作完成后，ISP/IAP 地址高 8 位寄存器 IAP_ADDRH、ISP/IAP 地址低 8 位寄存器 IAP_ADDRL 和 ISP/IAP 命令寄存器 IAP_CMD 的内容不变。如果接下来要对下一个地址的数据进行 ISP/IAP 操作，需手动将该地址的高 8 位和低 8 位分别写入 IAP_ADDRH 和 IAP_ADDRL 寄存器。

每次 ISP/IAP 操作时，都要对 IAP_TRIG 先写入 5AH，再写入 A5H，ISP/IAP 命令才会生效。

在每次触发前，需重新送字节读 / 字节编程 / 扇区擦除操作命令，在命令不改变时，不需重新送命令。

（5）ISP/IAP 控制寄存器 IAP_CONTR　ISP/IAP 控制寄存器 IAP_CONTR 格式如图 4-25 所示。

SFR名称	地址	位	B7	B6	B5	B4	B3	B2	B1	B0
IAP_CONTR	C7H	名称	IAPEN	SWBS	SWRST	CMD_FAIL	—	WT2	WT1	WT0

图 4-25 IAP_CONTR 的格式图

1）IAPEN 为 ISP/IAP 功能允许位。

0，禁止 ISP/IAP 命令读 / 写 / 擦除 Data Flash/EEPROM。

1，允许 ISP/IAP 命令读 / 写 / 擦除 Data Flash/EEPROM。

2）WT2、WT1、WT0：设置 CPU 等待时间，格式图如图 4-26 所示。

设置等待时间			CPU等待时间(多少个CPU工作时钟周期)			跟等待参数对应的推荐系统时钟频率
WT2	WT1	WT0	读(2个时钟周期)	编程(55μs)	扇区擦除(21ms)	
1	1	1	2个时钟周期	55个时钟周期	21012个时钟周期	≥1MHz
1	1	0	2个时钟周期	110个时钟周期	42024个时钟周期	≥2MHz
1	0	1	2个时钟周期	165个时钟周期	63036个时钟周期	≥3MHz
1	0	0	2个时钟周期	330个时钟周期	126072个时钟周期	≥6MHz
0	1	1	2个时钟周期	660个时钟周期	252144个时钟周期	≥12MHz
0	1	0	2个时钟周期	1100个时钟周期	420240个时钟周期	≥20MHz
0	0	1	2个时钟周期	1320个时钟周期	504288个时钟周期	≥24MHz
0	0	0	2个时钟周期	1760个时钟周期	672384个时钟周期	≥30MHz

图 4-26 CPU 等待时间格式图

3. STC15W4K32S4 单片机 EEPROM 空间大小及地址

STC15W4K32S4 单片机 EEPROM 空间大小及地址见表 4-1。

表 4-1 STC15W4K32S4 单片机 EEPROM 空间大小及地址

型号	EEPROM 字节数	扇区数	用 ISP/IAP 字节读时 EEPROM 起始扇区首地址	用 ISP/IAP 字节读时 EEPROM 结束扇区末尾地址	用 MOVC 指令读时 EEPROM 起始扇区首地址	用 MOVC 指令读时 EEPROM 结束扇区末尾地址	STC15W4K32S4 单片机内部 EEPROM 还可以用 MOVC 指令读,但此时首地址不再是 0000H,而是程序存储空间结束地址的下一个地址 512 字节为一个扇区 建议同一次修改的数据放在同一扇区,不是同一次修改的数据放在不同的扇区
STC15W4K16S4	42k	84	0000H	A7FFH	4000H	E7FFH	
STC15W4K32S4	26k	52	0000H	67FFH	8000H	E7FFH	
STC15W4K40S4	18k	36	0000H	47FFH	A000H	E7FFH	
STC15W4K48S4	10k	20	0000H	27FFH	C000H	E7FFH	
STC15W4K56S4	2k	4	0000H	07FFH	E000H	E7FFH	

STC15W4K32S4 单片机 EEPROM 部分空间地址分布如图 4-27 所示。

第一扇区		第二扇区		第三扇区		第四扇区	
起始地址	结束地址	起始地址	结束地址	起始地址	结束地址	起始地址	结束地址
0000H	1FFH	200H	3FFH	400H	5FFH	600H	7FFH
第五扇区		第六扇区		第七扇区		第八扇区	
起始地址	结束地址	起始地址	结束地址	起始地址	结束地址	起始地址	结束地址
800H	9FFH	A00H	BFFH	C00H	DFFH	E00H	FFFH
第九扇区		第十扇区		第十一扇区		第十二扇区	
起始地址	结束地址	起始地址	结束地址	起始地址	结束地址	起始地址	结束地址
1000H	11FFH	1200H	13FFH	1400H	15FFH	1600H	17FFH
第十三扇区		第十四扇区		第十五扇区		第十六扇区	
起始地址	结束地址	起始地址	结束地址	起始地址	结束地址	起始地址	结束地址
1800H	19FFH	1A00H	1BFFH	1C00H	1DFFH	1E00H	1FFFH
第十七扇区		第十八扇区		第十九扇区		第二十扇区	
起始地址	结束地址	起始地址	结束地址	起始地址	结束地址	起始地址	结束地址
2000H	21FFH	2200H	23FFH	2400H	25FFH	2600H	27FFH
第二十一扇区		第二十二扇区		第二十三扇区		第二十四扇区	
起始地址	结束地址	起始地址	结束地址	起始地址	结束地址	起始地址	结束地址
2800H	29FFH	2A00H	2BFFH	2C00H	2DFFH	2E00H	2FFFH
第二十五扇区		第二十六扇区		第二十七扇区		第…扇区	
起始地址	结束地址	起始地址	结束地址	起始地址	结束地址	起始地址	结束地址
3000H	31FFH	3200H	33FFH	3400H	35FFH	…	…

图 4-27 STC15W4K32S4 单片机 EEPROM 部分空间地址分布

4. 程序设计思路

STC15W4K32S4 单片机在上电复位时,读取内部 EEPROM 数据中存入的里程数的高 8 位和低 8 位(因里程数据大于 255,需要两个字节才能存放),如果里程超过 9999 再清零,程序运行时一直循环检测 P5.5 口上的按钮是否被按下,按下后程序改为等待按钮 S1 松开(可有效去除按钮抖动问题),松开后再进行里程数加 1 操作。LED 数码管显示里程计数值。汽车里程表控制程序设计流程图如图 4-28 所示。

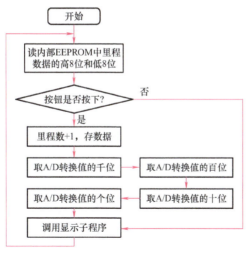

图 4-28 汽车里程表控制程序设计流程图

5. 关键指令分析（见图 4-29）

```
87  if(key==0)              //检测S1是否按下
88  {
89      while(key==0);      //等待S1松开
90      if(L_C<9999) L_C++; //里程小于9999时，里程数加1
91      else L_C=0;         //里程超过9999时，里程数清零
92  }
```

图 4-29 汽车里程表控制程序关键指令分析

任务 4-3　习题

1. 每次 ISP/IAP 操作时，都要对 IAP_TRIG 先写入_____，再写入_____。
2. STC15W4K32S4 单片机 EEPROM 空间大小为_____。
3. 在对 EEPROM 内部某个地址进行操作时，怎么保证其他地址内容不被擦除？

实操 4-3　汽车里程表控制学习工单

项目 4	汽车仪表控制	任务 4-3	汽车里程表控制	学时	2
姓名		学号		班级		日期	
团队成员					
任务要求	基本任务：在之前汽车里程表控制的基础上加入当 S1 按下不松开时，里程数每隔 2s 自动加 1 操作。 拓展任务：在产品设计时增加试用功能，试用次数为 10 次，开关机超过 10 次，程序自动锁死，并发出报警声。 注意事项：下载程序时，需要在 STC-ISP 软件中选中"本次将 EEPROM 区域全部填充为 FF。"					

（续）

1. 电路设计	
2. 程序思路	
3. 基本任务功能测试	
1）检查电路连接是否正确：	是□ 否□
2）检查程序下载器是否连接正常：	是□ 否□
3）下载程序到目标板是否完成：	是□ 否□
4）按下S1，每隔2s里程数自动加1：	是□ 否□
5）按下S1，是否正常显示：	是□ 否□
6）断电重启，数据是否丢失：	是□ 否□
4. 拓展任务功能测试	
1）下载程序后，显示0001：	是□ 否□
2）断电、上电操作显示数据自动加1：	是□ 否□
3）断电、上电次数超过10次时报警：	是□ 否□
4）重新下载程序后，恢复显示0001：	是□ 否□
5. 检查展示	
1）小组成员自查和互查，进行补充完善。 2）各小组推荐优秀作品进行展示解说。	

（续）

6. 总结评价

序号	评价项目	配分	自评分	组长评分	教师评分	企业评分	备注
1	电路设计	15					
2	程序思路	20					
3	基本任务	20					
4	拓展任务	15					
5	检查展示	10					
6	劳动纪律	5					
7	积极主动	5					
8	工匠精神	5					
9	贡献大小	5					
	合计	100					

综合得分 = 自评分 ×10%+ 组长评分 ×20%+ 教师评分 ×40%+ 企业评分 ×30%=

7. 反思

 任务 4-4 汽车时钟控制

目的与要求

通过单片机控制，LED 数码管显示秒钟和分钟，以此来模拟汽车时钟系统。

设计要求：单片机复位后，秒钟和分钟清零，然后开始以秒计时，当达到 60s 时，分钟计时加 1，秒钟清零，当分钟计时达到 60min 时，分钟和秒钟均清零。

1. 电路设计

汽车时钟控制的仿真电路如图 4-30 所示。

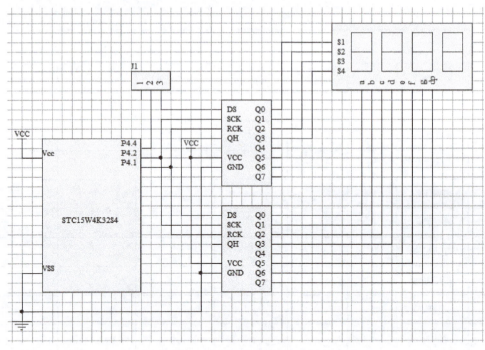

图 4-30　汽车时钟控制的仿真电路

2. 源程序设计（见图 4-31）

```
1   //4_4.c//////////////
2   #include "STC15F2K60S2.h"
3   sbit DIO =P4^4;        //串行数据输入
4   sbit RCLK=P4^1;        //时钟脉冲信号——上升沿有效
5   sbit SCLK=P4^2;        //输入信号——上升沿有效
6   unsigned char dat[]={0x3f,0x06,0x5b,0x4f,0x66,0x6d,0x7d,0x07,0x7f,0x6f}; // 0～9 数字显示段码
7   unsigned char seg[]={0x01,0x02,0x04,0x08};        //位码数组（第1位、第2位、第3位、第4位）
8   unsigned char F_F,F_M;                            //秒、分计时器
9   unsigned int cont;                                //分频计数器
10  unsigned char ad_p[4];                            //存放显示千、百、十、个位
11  void delay(unsigned int x)                        //延时程序
12  {unsigned int i,j;
13    for(i=x;i>0;i--)
14     { for(j=240;j>0;j--); }
15  }
16  void HC595_OUT(unsigned char X)                   //74HC595输出子程序
17  { unsigned char i;
18    for(i=8;i>=1;i--)
19    {
20      if (X&0x80) DIO=1; else DIO=0;
21      X<<=1;
22      SCLK = 0;
23      SCLK = 1;
24    }
25  }
26  void display()
27  {unsigned char i;
28   for(i=0;i<4;i++)
29   {
30     HC595_OUT(~dat[ad_p[i]]);//发送数字"i"段码到数码管显示
31     HC595_OUT(seg[i]);//发送第i位显示器显示的位码
32     RCLK = 0; //锁存口置0
33     RCLK = 1;//锁存口置1,将所有74HC595并行口上的数据允许输出,并锁存住
34     delay(10);//适当延时
35   }
36  }
```

图 4-31　汽车时钟控制的源程序

```
37  void Timer1( ) interrupt 3      //100us, 22.1184MHz
38  {
39      TL1 = 0x48;                 //设置定时初值
40      TH1 = 0xFF;                 //设置定时初值
41      if(cont<10000) cont++;
42      else{cont=0;F_M++;}         //秒计时
43      if(F_M>=60){F_M=0;F_F++;}   //分计时
44      if(F_F>=60){F_F=0;F_M=0;}   //分大于等于60时,分秒清零
45  }
46  void main( )                    //主函数
47  {
48      P4M0=0x00;                  //设置P4口为准双向I/O口(传统8051模式)
49      P4M1=0x00;                  //设置P4口为准双向I/O口(传统8051模式)
50
51      TMOD= 0x11;                 //设置定时器模式
52      TL1 = 0x48;                 //设置定时初值
53      TH1 = 0xFF;                 //设置定时初值
54      TR1 = 1;                    //定时器开始计时
55      ET1 = 1;
56      EA=1;
57
58      while(1)
59      {
60          ad_p[0]=(F_F%100)/10;   //取分钟十位
61          ad_p[1]= F_F%10;        //取分钟个位
62          ad_p[2]=(F_M%100)/10;   //取秒钟十位
63          ad_p[3]= F_M%10;        //取秒钟个位
64          display( );             //显示时钟数据
65      }
66  }
67
```

图 4-31　汽车时钟控制的源程序（续）

相 关 知 识

1. 程序设计思路

汽车时钟控制的程序设计流程图如图 4-32 所示。

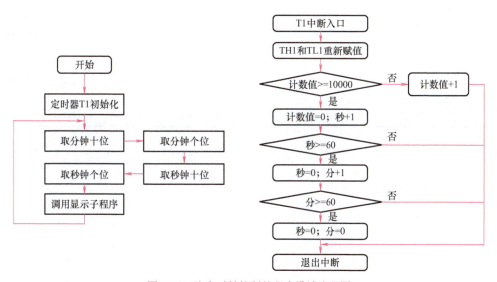

图 4-32　汽车时钟控制的程序设计流程图

2. 关键指令分析

（1）分秒时间控制指令（见图 4-33）

```
if(cont<10000) cont++;
else{cont=0;F_M++;}        //秒计时
if(F_M>=60){F_M=0;F_F++;}  //分计时
if(F_F>=60){F_F=0;F_M=0;}  //分大于等于60时,分秒清零
```

图 4-33　分秒时间控制指令

（2）分秒计时器取十位和个位指令（见图 4-34）

```
ad_p[0]=(F_F%100)/10;   //取分钟十位
ad_p[1]= F_F%10;        //取分钟个位
ad_p[2]=(F_M%100)/10;   //取秒钟十位
ad_p[3]= F_M%10;        //取秒钟个位
```

图 4-34　分秒计时器取十位和个位指令

任务 4-4　习题

1. 利用网络资源查找三种专用时钟芯片，分别为_____。
2. 请编写年月日时分秒时钟程序的设计流程图（重点考虑平年和闰年算法）。
3. 尝试编写万年历时钟程序（含阴历）。

实操 4-4　汽车时钟控制学习工单

项目 4		汽车仪表控制		任务 4-4		汽车时钟控制		学时	2
姓名		学号			班级			日期	
团队成员									
任务要求	基本任务：设计一个可调节时间的时钟系统，要求通过 4 个按钮对时钟的分和秒分别作加和减调节。 拓展任务： 1）时钟调节时，停止走时，按任意按钮开始 4s 计时，4s 后继续走时，调节秒时，秒位闪动，调节分时，分位闪动。 2）断电后要求保存当前时钟值，下次上电时继续当前时钟走时，每 10s 保存一次数据。								

1. 电路设计

（续）

2. 程序思路

3. 基本任务功能测试
1）检查电路连接是否正确： 是□ 否□
2）检查程序下载器是否连接正常： 是□ 否□
3）下载程序到目标板是否完成： 是□ 否□
4）按一次S1，分加： 是□ 否□
5）按一次S2，分减： 是□ 否□
6）按一次S3，秒加： 是□ 否□
7）按一次S4，秒减： 是□ 否□

4. 拓展任务功能测试
1）按一次S1，分闪动并加1： 是□ 否□
2）按一次S2，分闪动并减1： 是□ 否□
3）按一次S3，秒闪动并加1： 是□ 否□
4）按一次S4，秒闪动并减1： 是□ 否□
5）按任意按钮后时间停止走动，4s后时间恢复走动： 是□ 否□
6）每10s自动存数据，断电后数据不丢失： 是□ 否□

5. 检查展示
1）小组成员自查和互查，进行补充完善。
2）各小组推荐优秀作品进行展示解说。

6. 总结评价

序号	评价项目	配分	自评分	组长评分	教师评分	企业评分	备注
1	电路设计	15					
2	程序思路	20					
3	基本任务	20					
4	拓展任务	15					
5	检查展示	10					
6	劳动纪律	5					
7	积极主动	5					
8	工匠精神	5					
9	贡献大小	5					
	合计	100					

综合得分＝自评分×10%＋组长评分×20%＋教师评分×40%＋企业评分×30%＝

7. 反思

项目 4　测评

序号	测评内容	是否具备该项能力	存在的主要问题
1	能编制程序进行 LED 数码管显示控制	是□　否□	
2	能编制程序进行 A/D 转换检测	是□　否□	
3	能编制程序进行 EEPROM 读写	是□　否□	
4	能编制时钟控制程序	是□　否□	

项目 5
汽车智能控制

本项目以汽车自动循迹控制、汽车倒车雷达控制、汽车串行口通信控制、汽车远程控制和汽车蓝牙控制为实例,介绍自动循迹模块、超声波测距模块、单片机串口通信、WiFi 通信、AT 指令等知识,通过对单片机学习开发板 TT3 的实践操作,掌握单片机在自动循迹传感器、超声波测距传感器、单片机串口通信、WiFi 通信和 AT 指令等方面的编程技巧。

知识目标

1)能描述自动循迹模块编程方法。
2)能描述超声波测距模块编程方法。
3)能描述单片机串行口通信编程方法。
4)能描述 WiFi 通信编程方法。
5)能描述 AT 指令的应用方法。

技能目标

1)能编制汽车自动循迹控制程序。
2)能编制汽车倒车雷达控制程序。
3)能编制汽车串行口通信控制程序。
4)能编制汽车远程控制程序。
5)能编制汽车蓝牙控制程序。

  汽车自动循迹控制

目的与要求

通过单片机控制,检测 Y2 口上接的自动循迹传感器反馈回的黑白线信

息，以点亮相应的 LED 灯，由此来模拟汽车自动循迹控制。

设计要求：当 Y2 口上的自动循迹传感器检测到黑线时，相对应的 LED 灯点亮，否则 LED 灯不亮；当 Y2 口上的碰撞传感器检测到信号时，所有 LED 灯闪动。

1. 电路设计

汽车自动循迹控制的仿真电路如图 5-1 所示。

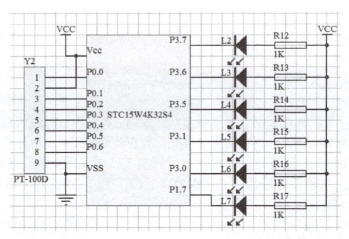

图 5-1 汽车自动循迹控制的仿真电路

PT-100D 模块拥有 1 路碰撞传感器、4 路自动循迹传感器和 2 路大功率 LED 灯控制电路。4 路自动循迹传感器探测到黑线时输出为低电平，否则输出为高电平。

2. 源程序设计（见图 5-2）

```
1   //程序: 5-1.c
2   #include "STC15F2K60S2.h"   // 包含头文件 STC15F2K60S2.h
3   sbit L2=P3^7;    // 定义LED灯1为P3.7口
4   sbit L3=P3^6;    // 定义LED灯2为P3.6口
5   sbit L4=P3^5;    // 定义LED灯3为P3.5口
6   sbit L5=P3^1;    // 定义LED灯4为P3.1口
7   sbit L6=P3^0;    // 定义LED灯5为P3.0口
8   sbit L7=P1^7;    // 定义LED灯6为P1.7口
9   sbit X_J1=P0^1;  // 定义循迹输入口1
10  sbit X_J2=P0^2;  // 定义循迹输入口2
11  sbit X_J3=P0^3;  // 定义循迹输入口3
12  sbit X_J4=P0^4;  // 定义循迹输入口4
13  sbit X_J5=P0^5;  // 定义循迹输入口5
14  sbit H_W=P0^0;   // 定义碰撞输入口
15  void main()      // 主函数
16  {
17    P3M0=0x00;P3M1=0x00;  // 设置P3口为准双向I/O口（传统51模式）
18    P1M0=0x00;P1M1=0x00;  // 设置P1口为准双向I/O口（传统51模式）
19    P0M0=0x00;P0M1=0xFF;  // 设置P0口为准双向I/O口（高阻输入）
20    while(1)       // while循环指令
21    {
22      if(X_J1==0) L2=0;  //循迹口1检测到低电平时，L2点亮
23      else        L2=1;  //否则L2熄灭
24      if(X_J2==0) L3=0;
25      else        L3=1;
26      if(X_J3==0) L4=0;
27      else        L4=1;
28      if(X_J4==0) L5=0;
29      else        L5=1;
30      if(X_J5==0) L6=0;
31      else        L6=1;
32      if(H_W==1)  L7=0;
33      else        L7=1;
34    }
35  }
```

图 5-2 汽车自动循迹控制的源程序

相关知识

1. PT-100D 模块介绍

PT-100D 模块外形如图 5-3 所示。

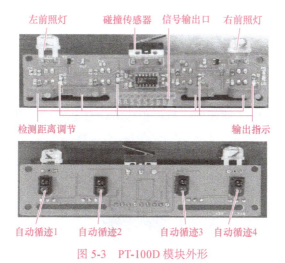

图 5-3 PT-100D 模块外形

PT-100D 是专门设计用于黑（白）线检测的自动循迹模块，特别适合复杂黑白线、交叉黑白线的检测，它有 4 路高灵敏度的红外自动循迹传感器，能够对黑白线准确识别，它有如下功能和特点：

1）PT-100D 利用集成运算放大器实现 4 路循迹，适合复杂黑线（白线）的检测。

2）PT-100D 每路自动循迹传感器独立设计，每路配备电位器，可对检测距离进行单独调节。

3）PT-100D 有一个专门设计的碰撞传感器，使得有这方面需求的机器人设计更加简便。

4）PT-100D 输出信号全部为数字信号，方便与单片机相连。

5）PT-100D 每路自动循迹传感器都有 LED 灯作为指示，方便调试。

6）PT-100D 支持电压为 3.0～5.5V 满足大多数系统需求。

7）PT-100D 支持 2 路大功率 LED 前照灯控制功能。

2. PT-100D 引脚说明

1）KEY：碰撞开关输出，有碰撞动作时输出高电平，没有时输出低电平。

2）Vcc：模块电源正极输入，输入电压范围为 3.0～5.5V。

3）OUT1：自动循迹传感器 1 输出（探测到黑线时输出低电平，探测到白线时输出为高电平）。

4）OUT2：自动循迹传感器 2 输出（探测到黑线时为输出低电平，探测到白线时输出为高电平）。

5）OUT3：自动循迹传感器 3 输出（探测到黑线时为输出低电平，探测到白线时输

6）OUT4：自动循迹传感器4输出（探测到黑线时为输出低电平，探测到白线时输出为高电平）。

7）LED1：左前照灯控制，高电平有效，最大控制电压40V，最大控制电流0.5A。

8）LED2：右前照灯控制，高电平有效，最大控制电压40V，最大控制电流0.5A。

9）GND：模块接地输入，通入电源负极。

3. 循迹原理

（1）反射式光电传感器　反射式光电传感器的外形如图5-4所示。红外LED发出940nm波长的红外光，经物体反射后被红外光电晶体管接收。物体表面颜色不同，则反射光强不同，反射光越强，红外光电晶体管电阻越小，其两端电压会随其电阻变化，以此来反映物体表面的反射光强，即灰度，故反射式光电传感器也叫灰度传感器。

图5-4　反射式光电传感器的外形

（2）反射式光电模块　红外光电晶体管两端变化的电压是模拟量，不方便测量，而反射式光电模块通过电压比较芯片能将变化的电压转化为0或1的高低电平的逻辑信号，便于单片机识别，模块上的电位器能调节模块对反射光的灵敏度，使其根据需要输出高低电平。

4. 寻迹算法

（1）双传感器　安装有双传感器的小车行驶在图5-5所示道路中。

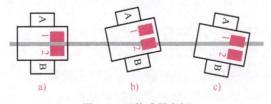

图5-5　双传感器直行

图5-5a中，传感器1检测为白、传感器2检测为白，电动机A转、电动机B转，车体直行。

图5-5b中，传感器1检测为白、传感器2检测为黑，电动机A转、电动机B停，车体右转前进。

图5-5c中，传感器1检测为黑、传感器2检测为白，电动机A停、电动机B转，车体左转前进。

（2）三传感器　安装有三传感器的小车行驶在图5-6所示道路中。

项目 5 汽车智能控制

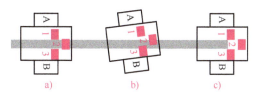

图 5-6 三传感器直行

图 5-6a 中,传感器 1 为白、传感器 3 为白、传感器 2 为黑,车体直行。
图 5-6b 中,传感器 1 为白、传感器 3 为黑、传感器 2 为黑,右转前进。
图 5-6c 中,传感器 1 为白、传感器 3 为白、传感器 2 为白,检测到断线。

5. 程序设计思路

汽车自动循迹控制程序设计流程图如图 5-7 所示。

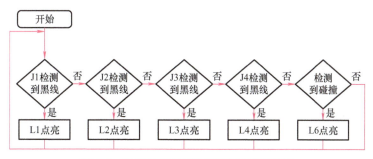

图 5-7 汽车自动循迹控制程序设计流程图

任务 5-1 习题

1. PT-100D 具备_____路循迹功能,循迹检测距离为_____。
2. PT-100D 碰撞传感器在触碰动作时输出_____电平。
3. PT-100D 前照灯控制电路最大控制电压_____,最大控制电流_____。

实操 5-1 汽车自动循迹控制学习工单

项目 5	汽车智能控制	任务 5-1	汽车自动循迹控制	学时	2
姓名		学号		班级		日期	
团队成员					
任务要求	基本任务:设计一个两传感器控制系统。要求根据左路传感器检测到黑线时,电动机 1 正转,未检测到时,电动机停;右路传感器检测到黑线时,电动机 2 正转,未检测到时,电动机停。 拓展任务:在完成基本任务的基础上,实现防碰撞功能,利用碰撞传感器实现检测到障碍时电动机 1 和电动机 2 同时反转并报警,退离障碍时,电动机停,报警停。 注意事项:为避免各检测传感器之间的相互干扰,应在各检测传感器之间加入隔挡。				

（续）

1. 电路设计

2. 程序思路

3. 基本任务功能测试	
1）检查电路连接是否正确：	是□ 否□
2）检查程序下载器是否连接正常：	是□ 否□
3）下载程序到目标板是否完成：	是□ 否□
4）左路检测黑线，电动机 1 正转：	是□ 否□
5）左路未检测黑线，电动机 1 停：	是□ 否□
6）右路检测黑线，电动机 2 正转：	是□ 否□
7）右路未检测黑线，电动机 2 停：	是□ 否□
4. 拓展任务功能测试	
1）碰撞传感器压下时，电动机 1 电动机 2 反转，开报警：	是□ 否□
2）碰撞传感器松开时，电动机 1 电动机 2 停转，关报警：	是□ 否□
5. 检查展示	
1）小组成员自查和互查，进行补充完善。	
2）各小组推荐优秀作品进行展示解说。	

（续）

6. 总结评价

序号	评价项目	配分	自评分	组长评分	教师评分	企业评分	备注
1	电路设计	15					
2	程序思路	20					
3	基本任务	20					
4	拓展任务	15					
5	检查展示	10					
6	劳动纪律	5					
7	积极主动	5					
8	工匠精神	5					
9	贡献大小	5					
	合计	100					

综合得分 = 自评分 ×10%+ 组长评分 ×20%+ 教师评分 ×40%+ 企业评分 ×30%=

7. 反思

任务 5-2　汽车倒车雷达控制

 目的与要求

通过单片机控制，在 LCD1602 液晶显示器上显示超声波测距模块测量的距离值，以此来模拟汽车倒车雷达控制。

设计要求：在 LCD1602 液晶显示器上显示单片机检测到的距离值。

1. 电路设计

汽车倒车雷达控制的仿真电路如图 5-8 所示。

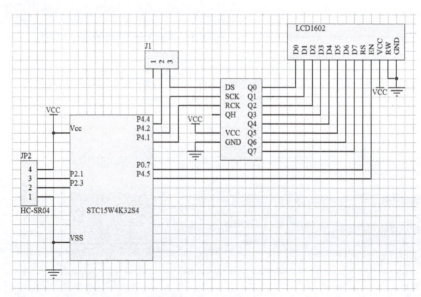

图 5-8 汽车倒车雷达控制的仿真电路

单片机 P2.1 口接 HC-SR04 模块的触发信号输入口，P2.3 口接 HC-SR04 模块的回波信号输出口，单片机触发 HC-SR04 开始工作后检测回波信号，得出回波时间，此时时间为声波从模块出发遇到障碍物返回的时间，模块与障碍物的距离等于所得时间除以 2 再乘以声速。

因单片机 I/O 口有限，同时 LCD1602 工作时大部分情况下不需要输出数据，故用 74HC595 扩展出 LCD1602 的数据口，而 LCD1602 的 RW 口直接接地处理。单片机 P0.7 口接 LCD1602 的 RS 口，高电平 1 时选择数据寄存器，低电平 0 时选择指令寄存器。单片机 P4.5 接 LCD1602 的 EN 口（使能端）。

2. 源程序设计（见图 5-9）

```
1   //5-2
2   #include "STC15F2K60S2.h"
3   #include <intrins.h>
4   sbit DIO=P4^4;                              //串行数据输入
5   sbit RCLK=P4^1;                             //时钟脉冲信号——上升沿有效
6   sbit SCLK=P4^2;                             //打入信号——上升沿有效
7   sbit lcden=P4^5;                            //LCD1602使能端
8   sbit lcdrs=P0^7;                            //LCD1602寄存器选择
9   sbit Tx_F=P2^1;                             //产生脉冲引脚，延时20us
10  sbit Rx_F=P2^3;                             //回波引脚
11  bit TimeUp=0;                               //定时器溢出标志位
12  long Th0,Tl0;                               //超声波测距变量
13  unsigned int ju_li_F=0;                     //距离
14  unsigned long Measureresult=0;              //超声波测距变量
15  unsigned long time0=0;                      //超声波测距变量
16  unsigned char table1[16]="HNDQZY-QCXH-DPJ-";//第一行显示数组
17  unsigned char table2[16]="Ju_Li            ";//第二行显示数组
18  void HC595_OUT(unsigned char X)             //74HC595输出
19  {
20      unsigned char i;
21      for(i=8;i>=1;i--)
22      {
23          if (X&0x80) DIO=1; else DIO=0;
24          X<<=1;
25          SCLK = 0;    SCLK = 1;
26      }
```

图 5-9 汽车倒车雷达控制的源程序

```c
27  }
28  void delay(unsigned int x)              //延时程序
29  {unsigned int i,j;
30    for(i=x;i>0;i--)
31    { for(j=240;j>0;j--); }
32  }
33  void Measure_F( )                       //超声波测距
34  {
35    unsigned char Del20us=0;              //延时变量,在超声波脉冲引脚中产生20μs的方波
36    bit RxBack=1;                         //超声波返回标志位
37    Tx_F=0;                               //将超声波脉冲引脚电平拉低
38    TR1=0;ET1=0;REN=0;
39    Th0=0;Tl0=0;TimeUp=0;                 //初始化变量值
40    EA=1;ET0=1;                           //开总中断
41    TR0=0;TH0=0;TL0=0;                    //关定时器0
42    Tx_F=1;
43    for(Del20us=120;Del20us>0;Del20us--); //延时20μs
44    Tx_F=0;while(Rx_F==0);                //等待Rx_F变为高电平
45    TH0=0;TL0=0;TR0=1;                    //开定时器0
46    while(RxBack)
47    {if(Rx_F==0||TimeUp==1){TR0=0;Th0=TH0;Tl0=TL0;TR0=1;RxBack=0;}}
48    while(!TimeUp);                       //等待定时器溢出
49    time0=(Th0*256+Tl0);                  //取出定时器的值
50    Measureresult=((unsigned long)(344)*time0)/4000;
51    //测量的结果单位为mm
52    //过滤掉一些异常的数据,当测量出的距离不在30—900mm 时返回值为0
53    if(Measureresult>10&&Measureresult<1500) ju_li_F=Measureresult;
54  }
55  void T0_time( ) interrupt 1             //定时器0中断服务程序
56  {
57    TimeUp=1;
58  }
59  void lcd_write_com(unsigned char com)
60  {
61    lcdrs=0;                              //指令
62    HC595_OUT(com);                       //转换成并行口数据
63    RCLK = 0;RCLK = 0;                    //74HC595锁存
64    RCLK = 1;RCLK = 1;                    //74HC595锁存
65    lcden=1;                              //LCD1602使能置高电平
66    delay(10);                            //适当延时
67    lcden=0;                              //LCD1602使能拉低电平,实现下降沿跳变
68  }
69  void lcd_write_data(unsigned char dat)
70  {
71    lcdrs=1;                              //数据
72    HC595_OUT(dat);                       //转换成并行口数据
73    RCLK = 0;RCLK = 0;                    //74HC595锁存
74    RCLK = 1;RCLK = 1;                    //74HC595锁存
75    lcden=1;                              //LCD1602使能置高电平
76    delay(10);                            //适当延时
77    lcden=0;                              //LCD1602使能拉低电平,实现下降沿跳变
78  }
79  void display( )
80  {
81    unsigned char num;
82    lcd_write_com(0x80);                  //第一行显示指令
83    for(num=0;num<16;num++)
84    {
85      lcd_write_data(table1[num]);        //第一行显示16个字符
86      delay(10);
87    }
88    lcd_write_com(0x80+0x40);             //第二行显示指令
89    for(num=0;num<16;num++)
90    {
91      lcd_write_data(table2[num]);        //第二行显示16个字符
92      delay(10);
93    }
94  }
95  void init( )
96  { delay(1000);
97    lcd_write_com(0x38);delay(100);       //显示模式设置
98    lcd_write_com(0x08);delay(100);       //显示关闭
99    lcd_write_com(0x01);delay(100);       //显示清屏
100   lcd_write_com(0x06);delay(100);       //显示光标移动设置
101   lcd_write_com(0x0C);delay(100);       //显示开及光标设置
102 }
```

图 5-9 汽车倒车雷达控制的源程序(续)

```
103  void main( )
104  {
105      P0M0=0xFF;P0M1=0x00;        //设置P0口为准双向I/O口（传统51模式）
106      P2M0=0xff;P2M1=0x00;        //设置P2口为准双向I/O口（传统51模式）
107      P4M0=0xFF;P4M1=0x00;        //设置P4口为准双向I/O口（传统51模式）
108      delay(100);
109      init( );                    //LCD1602初始化
110      Tx_F=0;                     //将超声脉冲引脚电平拉低
111      while(1)
112      {
113          Measure_F( );           //取超声波测距数据
114          table2[6]=(ju_li_F%10000)/1000+0x30;   //取距离千位，变成ASCII码
115          table2[7]=(ju_li_F%1000)/100+0x30;     //取距离百位，变成ASCII码
116          table2[8]=(ju_li_F%100)/10+0x30;       //取距离十位，变成ASCII码
117          table2[9]=ju_li_F%10+0x30;             //取距离个位，变成ASCII码
118          display( );             //显示
119      }
120  }
```

图5-9　汽车倒车雷达控制的源程序（续）

1. 初识LCD1602液晶显示器

LCD1602中，LCD表示Liquid Crystal Display，即液晶显示器，1602表示一行可以显示16个字符，一共有2行。LCD1602主要作用是显示，既然是显示，也就是两个内容：

第一是让它在哪里显示（显示位置）。

第二是要显示什么内容（显示内容）。

很明显，这两块内容都是来自于单片机的控制，单片机让它显示什么它就显示什么，单片机让它在哪里显示它就在哪里显示。例如单片机可以告诉LCD1602：应在第1行的第4个位置，显示字符"A"。

在正常显示之前，单片机需要与LCD1602建立联系。这就像是人们平时打电话，不是一上来就开始谈论主题了，而是先要发出一个信号，比如"喂"，打个招呼，确定对方能收到信号后才开始谈论主题。对于单片机与LCD1602的正常通信，同样需要先打个招呼，这称为"初始化"。

LCD1602的基本操作思路：

1）初始化（单片机先和LCD 1602"打个招呼"）

2）确定显示位置　（单片机告诉LCD 1602在哪里显示）。

3）确定显示内容　（单片机告诉LCD 1602显示什么内容）。

LCD1602的引脚如图5-10所示。

引脚1：GND为电源地。

引脚2：Vcc接5V电源正极。

引脚3：VO为液晶显示器对比度调整端，接正电源时对比度最弱，接地时对比度最高（对比度过高时会产生"鬼影"，使用时可以通过一个10kΩ的电位器调整对比度）。

引脚4：RS为寄存器选择，高电平时选择数据寄存器，低电平时选择指令寄存器。

引脚5：RW为读写信号线，高电平时进行读操作，低电平时进行写操作。

引脚 6：E（或 EN）为使能（Enable）端，高电平时读取信息，负跳变时执行指令。

引脚 7～14：D0～D7 为 8 位双向数据端。

引脚 15 为背光正极，引脚 16 为背光负极。

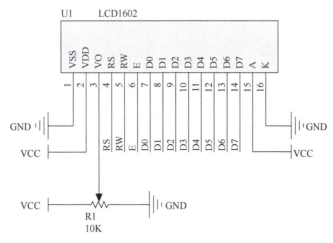

图 5-10　LCD1602 的引脚图

2. LCD1602 的基本操作

1）读状态：RS 为低电平，RW 为高电平，E 为高电平。D0～D7 输出状态字。

2）读数据：输入 RS 为高电平，RW 为高电平，E 为高电平。D0～D7 输出数据。

3）写命令：输入 RS 为低电平，RW 为低电平，E 负跳变。无输出（写完置 E 为高电平）。

4）写数据：输入 RS 为高电平，RW 为低电平，E 负跳变。无输出。

3. LCD1602 指令说明

LCD1602 的读写操作、屏幕和光标的操作都是通过指令编程来实现的。LCD1602 内部的控制器共有 11 条控制指令，如图 5-11 所示。

1）指令 1：清显示，指令码 01H，光标返回到地址 00H 位置。

2）指令 2：光标复位，光标返回到地址 00H。

3）指令 3：光标和显示模式设置。I/D 为 0，写入新数据后光标左移；I/D 为 1，写入新数据后光标右移。S 为 0，写入新数据后显示屏不移动；S 为 1，写入新数据后显示屏整体右移一个字符。

4）指令 4：显示开关控制。D 为控制整体显示的开与关，高电平表示显示开，低电平表示显示关；C 为控制光标的开与关，高电平表示有光标，低电平表示无光标；B 为控制光标是否闪烁，高电平闪烁，低电平不闪烁。

5）指令 5：光标或显示移位，S/C，R/L 组成"00"时光标左移一格，且 AC 减 1。组成"01"时光标右移一格，且 AC 加 1。组成"10"时显示器字符全部左移一格，光标不动。组成"11"时显示器字符全部右移一格，光标不动。

序号	指令	RS	RW	D7	D6	D5	D4	D3	D2	D1	D0
1	清显示	0	0	0	0	0	0	0	0	0	1
2	光标复位	0	0	0	0	0	0	0	0	1	*
3	光标和显示模式设置	0	0	0	0	0	0	0	1	I/D	S
4	显示开关控制	0	0	0	0	0	0	1	D	C	B
5	光标或显示移位	0	0	0	0	0	1	S/C	R/L	*	*
6	功能设置命令	0	0	0	0	1	DL	N	F	*	*
7	字符发生器RAM地址设置	0	0	0	1	字符发生存储器地址					
8	DDRAM地址设置	0	0	1	显示数据存储器地址						
9	读忙信号和光标地址	0	1	BF	计数器地址						
10	写数据	1	0	要写的数据内容								
11	读数据	1	1	读出的数据内容								

图 5-11 LCD1602 内部的控制指令

6) 指令 6: 功能设置命令。DL 为高电平时是 4 位总线，低电平时是 8 位总线；N 为低电平时是单行显示，高电平时是双行显示；F 为低电平时显示 5×7 的点阵字符，高电平时显示 5×10 的点阵字符。

7) 指令 7: 字符发生器 RAM 地址设置。

8) 指令 8: DDRAM 地址设置。

9) 指令 9: 读忙信号和光标地址。BF 为忙标志位，高电平表示忙，此时模块不能接收命令或者数据，低电平表示不忙。

10) 指令 10: 写数据。

11) 指令 11: 读数据。

4. LCD1602 的 RAM 地址映射

液晶显示器是一个慢显示器件，所以在执行每条指令之前一定要确认模块的忙标志为低电平（即不忙时），否则此指令失效。要显示字符时应先输入显示字符地址，也就是告知在哪里显示字符，图 5-12 所示是 LCD1602 的内部显示地址。

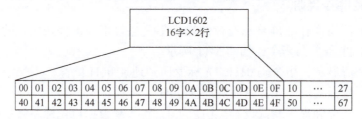

图 5-12 LCD1602 的内部显示地址

第一行第一个字符的地址是 00H，那么是否直接写入 00H 就可以将光标定位在第一行第一个字符的位置呢？当然不行，因为写入显示地址时要求最高位 D7 恒定为高电平，所以实际写入的数据应该是 00H+80H=80H。第二行第一个字符的地址是 40H，那么实际写入的数据应该是 40H+80H=C0H。

5. 超声波测距模块（HC-SR04）介绍

超声波测距模块（HC-SR04）可提供 2～400cm 的非接触式距离感测功能，测量准确度可达 3mm，实物图如图 5-13 所示。

图 5-13　超声波测距模块（HC-SR04）实物图

6. HC-SR04 工作原理

1）采用 I/O 口 TRIG 触发测距，给至少 10μs 的高电平信号。

2）模块自动发送 8 个 40kHz 的方波，自动检测是否有信号返回。

3）若有信号返回，则通过 I/O 口 ECHO 输出一个高电平，高电平持续的时间就是超声波从发射到返回的时间。

4）一个控制口发一个 10μs 以上的高电平，就可以在接收口等待高电平输出。一有输出就可以开定时器计时，当此口变为低电平时就读定时器的值，此时就为此次测距的时间，方可算出距离。

7. HC-SR04 时序图

HC-SR04 时序如图 5-14 所示。

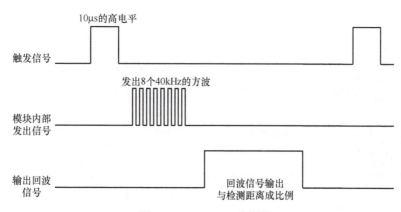

图 5-14　HC-SR04 时序图

8. HC-SR04 程序控制

初始化时将 TRIG 和 ECHO 都置低电平，首先向 TRIG 发送至少 10μs 的高电平脉冲

（模块自动向外发送8个40kHz的方波），然后等待捕捉ECHO输出上升沿，捕捉到上升沿的同时，打开定时器开始计时，当捕捉到下降沿，读出计时器的时间，这就是超声波在空气中运行的时间，按照测试距离＝（高电平时间×声速）/2就可以算出超声波测距模块到障碍物的距离。

9. 程序设计思路

汽车倒车雷达控制的程序设计流程图如图5-15所示。

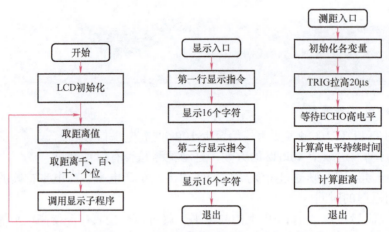

图5-15　汽车倒车雷达控制的程序设计流程图

10. 关键指令分析

（1）超声波测距程序（见图5-16）

```
33    void Measure_F( )                                      //超声波测距
34   {
35     unsigned char Del20us=0;                              //延时变量，在超声波脉冲引脚中产生20μs的方波
36     bit RxBack=1;                                         //超声波返回标志位
37     Tx_F=0;                                               //将超声波脉冲引脚电平拉低
38     TR1=0;ET1=0;REN=0;
39     TH0=0;TL0=0;TimeUp=0;                                 //初始化变量值
40     EA=1;ET0=1;                                           //开总中断
41     TR0=0;TH0=0;TL0=0;                                    //关定时器0
42     Tx_F=1;
43     for(Del20us=120;Del20us>0;Del20us--);                 //延时20us
44     Tx_F=0;while(Rx_F==0);                                //等待Rx_F变为高电平
45     TH0=0;TL0=0;TR0=1;                                    //开定时器0
46     while(RxBack)
47     {if(Rx_F==0||TimeUp==1){TR0=0;TH0=TH0;T10=TL0;TR0=1;RxBack=0;}}
48     while(!TimeUp);                                       //等待定时器溢出
49     time0=(TH0*256+Tl0);                                  //取出定时器的值
50     Measureresult=((unsigned long) (344)*time0)/4000;
51     //测量的结果单位为mm
52     //过滤掉一些异常的数据，当测量出的距离不在30～900mm时返回值为0
53     if(Measureresult>10&&Measureresult<1500) ju_li_F=Measureresult;
54   }
```

图5-16　超声波测距程序

项目 5 汽车智能控制

（2）LCD1602 程序（见图 5-17）

```c
59  void init( )
60  { delay(1000);
61      lcd_write_com(0x38);delay(100);      //显示模式设置
62      lcd_write_com(0x08);delay(100);      //显示关闭
63      lcd_write_com(0x01);delay(100);      //显示清屏
64      lcd_write_com(0x06);delay(100);      //显示光标移动设置
65      lcd_write_com(0x0C);delay(100);      //显示开及光标设置
66  }
67  void lcd_write_com(unsigned char com)
68  {
69      lcdrs=0;                             //指令
70      HC595_OUT(com);                      //转换成并行口数据
71      RCLK = 0;RCLK = 0;                   //74HC595锁存
72      RCLK = 1;RCLK = 1;                   //74HC595锁存
73      lcden=1;                             //LCD1602使能置高电平
74      delay(10);                           //适当延时
75      lcden=0;                             //LCD1602使能拉低电平,实现下降沿跳变
76  }
77  void lcd_write_data(unsigned char dat)
78  {
79      lcdrs=1;                             //数据
80      HC595_OUT(dat);                      //转换成并行口数据
81      RCLK = 0;RCLK = 0;                   //74HC595锁存
82      RCLK = 1;RCLK = 1;                   //74HC595锁存
83      lcden=1;                             //LCD1602使能置高电平
84      delay(10);                           //适当延时
85      lcden=0;                             //LCD1602使能拉低电平,实现下降沿跳变
86  }
```

图 5-17 LCD1602 程序

任务 5-2 习题

1. LCD1602 中，LCD 表示_____，1602 表示一行可以显示_____个字符，一共有_____行。

2. LCD1602 的 VO 为液晶显示器_____调整端。

3. HC-SR04 超声波测距模块可提供_____距离的非接触式距离感测功能。

4. 测试距离 =_____，由此可以算出超声波到障碍物的距离。

实操 5-2 汽车倒车雷达控制学习工单

项目 5	汽车智能控制	任务 5-2	汽车倒车雷达控制	学时	2
姓名		学号		班级		日期	
团队成员					
任务要求	基本任务：设计一个汽车倒车雷达控制系统，距离小于 20cm 时，亮 1 个 LED 灯；距离小于 15cm 时，亮 2 个 LED 灯；距离小于 10cm 时，亮 3 个 LED 灯；距离小于 5cm 时，亮 4 个 LED 灯。要求 5～20cm 测距误差小于 5mm。 拓展任务：设计一个汽车防碰撞系统，距离小于 15cm 时，电动机减速，亮 1 个灯；距离小于 10cm 时，电动机再次减速，亮 2 个灯；距离小于 5cm 时，电动机全速反转，亮 3 个灯。距离大于 15cm 时，灯灭，电动机全速正转。				

（续）

1. 电路设计

2. 程序思路

3. 基本任务功能测试
1）检查电路连接是否正确： 是□ 否□
2）检查程序下载器是否连接正常： 是□ 否□
3）下载程序到目标板是否完成： 是□ 否□
4）距离小于 5cm 时，亮 4 个 LED 灯： 是□ 否□
5）距离 5～10cm 之间时，亮 3 个 LED 灯： 是□ 否□
6）距离 10～15cm 之间时，亮 2 个 LED 灯： 是□ 否□
7）距离 15～20cm 之间时，亮 1 个 LED 灯： 是□ 否□
8）距离大于 20cm 时，LED 灯全灭： 是□ 否□

4. 拓展任务功能测试
1）距离 10～15cm，亮 1 个 LED 灯，电动机中速正转： 是□ 否□
2）距离 5～10cm，亮 2 个 LED 灯，电动机低速正转： 是□ 否□
3）距离小于 5cm，亮 3 个 LED 灯，电动机全速反转： 是□ 否□
4）距离大于 15cm，LED 灯灭，电动机全速正转： 是□ 否□

5. 检查展示
1）小组成员自查和互查，进行补充完善。
2）各小组推荐优秀作品进行展示解说。

项目 5　汽车智能控制

（续）

6. 总结评价

序号	评价项目	配分	自评分	组长评分	教师评分	企业评分	备注
1	电路设计	15					
2	程序思路	20					
3	基本任务	20					
4	拓展任务	15					
5	检查展示	10					
6	劳动纪律	5					
7	积极主动	5					
8	工匠精神	5					
9	贡献大小	5					
	合计	100					

综合得分 = 自评分 ×10%+ 组长评分 ×20%+ 教师评分 ×40%+ 企业评分 ×30%= ☐

7. 反思

 任务 5-3　汽车串行口通信控制

目 的 与 要 求

通过单片机控制，实现上位机与单片机之间的串行口通信，以此来模拟汽车串行口通信控制。

设计要求：上位机通过串行口发送"L2"，控制 LED 灯 L2 点亮；发送"L3"，控制 LED 灯 L3 点亮；发送"L4"，控制 LED 灯 L4 点亮；发送"L7"，控制 LED 灯 L7 点亮；发送"L0"，控制所有 LED 灯熄灭。按下 S1，单片机向上位机发送"T1"；按下 S2，单片机向上位机发送"T2"；按下 S3，单片机向上位机发送"T3"；按下 S4，单片机向上位机发送"T4"。要求在 LCD1602 上显示单片机通过串行口接收与发送的数据。

1. 电路设计

汽车串行口通信控制的仿真电路如图 5-18 所示。

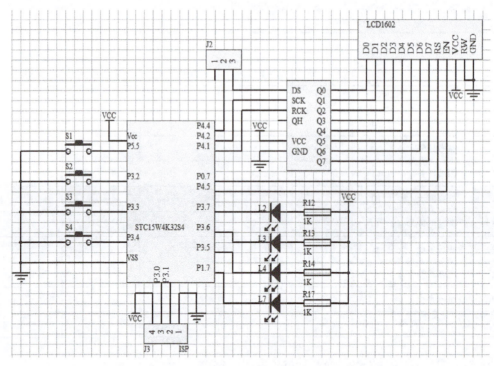

图 5-18 汽车串行口通信控制的仿真电路图

STC 单片机程序下载口即为主串行口，因此在程序下载完成后不需要移除下载口数据线即可实现单片机与上位机之间的串行口通信。

2. 源程序设计（见图 5-19）

```
1   ////5-3////////////////////////////////
2   #include "STC15F2K60S2.h"
3   #include <intrins.h>
4   sbit DIO =P4^4;              //串行数据输入
5   sbit RCLK=P4^1;              //时钟脉冲信号——上升沿有效
6   sbit SCLK=P4^2;              //打入信号——上升沿有效
7   sbit lcden=P4^5;             //LCD1602使能端
8   sbit lcdrs=P0^7;             //LCD1602寄存器选择
9   sbit LED1=P3^7;              //定义LED灯1为P3.7口
10  sbit LED2=P3^6;              //定义LED灯2为P3.6口
11  sbit LED3=P3^5;              //定义LED灯3为P3.5口
12  sbit LED4=P1^7;              //定义LED灯4为P1.7口
13  sbit KEY1=P5^5;              //定义S1为P5.5口
14  sbit KEY2=P3^2;              //定义S2为P3.2口
15  sbit KEY3=P3^3;              //定义S3为P3.3口
16  sbit KEY4=P3^4;              //定义S4为P3.4口
17  unsigned char r_f[50];       //接收缓冲数据
18  unsigned char r_c;           //串行口接收计数器
19  unsigned char table1[16]="R:        ";  //第一行显示
20  unsigned char table2[16]="T:        ";  //第二行显示
21  void HC595_OUT(unsigned char X)
22  {
23      unsigned char i;
24      for(i=8;i>=1;i--)
25      {
26          if (X&0x80) DIO=1; else DIO=0;
27          X<<=1;
28          SCLK = 0;   SCLK = 1;
29      }
30  }
```

图 5-19 汽车串行口通信控制的源程序

```
31  void delay(unsigned int x)
32  {unsigned int i,j;
33    for(i=x;i>0;i--)
34    { for(j=240;j>0;j--); }
35  }
36  void lcd_write_com(unsigned char com)
37  { lcdrs=0;
38    HC595_OUT(com);
39    RCLK = 0;RCLK = 0;
40    RCLK = 1;RCLK = 1;
41    lcden=1;
42    delay(10);
43    lcden=0;
44  }
45  void lcd_write_data(unsigned char dat)
46  { lcdrs=1;
47    HC595_OUT(dat);
48    RCLK = 0;RCLK = 0;
49    RCLK = 1;RCLK = 1;
50    lcden=1;
51    delay(10);
52    lcden=0;
53  }
54  void display( )
55  {unsigned char num;
56    lcd_write_com(0x80);           //显示第一行
57    for(num=0;num<16;num++)        //显示16个字符
58    {
59      lcd_write_data(table1[num]);
60      delay(10);
61    }
62    lcd_write_com(0xC0);           //显示第二行
63    for(num=0;num<16;num++)        //显示16个字符
64    {
65      lcd_write_data(table2[num]);
66      delay(10);
67    }
68  }
69  void init( )
70  { delay(1000);
71    lcd_write_com(0x38);delay(100);//显示模式设置
72    lcd_write_com(0x08);delay(100);//显示关闭
73    lcd_write_com(0x01);delay(100);//显示清屏
74    lcd_write_com(0x06);delay(100);//显示光标移动设置
75    lcd_write_com(0x0C);delay(100);//显示开及光标设置
76  }
77  void serial_init( )              //串行口接收数据清零
78  {
79   unsigned char i;
80   for(i=0;i<50;i++) r_f[i]=0;     //接收数组清零
81   r_c=0;                          //接收计数器清零
82  }
83  void send(unsigned char d[],unsigned int m)  //发送数组、发送个数
84  {
85   unsigned int i;                 行
86   for(i=0;i<m;i++)
87   {
88    SBUF = d[i];                   //发一个字节
89    while(!TI);                    //等待发送结束标志
90    TI=0;                          //将发送结束标志清零
91   }
92  }
93  void UART1_int ( ) interrupt 4   //中断服务程序//
94  { if(RI)                         //接收中断标志
95    {
96      RI = 0;                      //接收中断标志清零
97      r_f[r_c] = SBUF;             //保存一个字节到接收数组中
98      if(r_c>=50) r_c=0;
99      else r_c++;
100   }
101 }
```

图 5-19 汽车串行口通信控制的源程序（续）

```
102  void UartInit(void)              //22.1184MHz
103  {
104      SCON = 0x50;                 //8位数据,可变波特率
105      AUXR |= 0x40;                //定时器1时钟为fosc,不分频
106      AUXR &= 0xFE;                //串行口1选择定时器1为波特率发生器
107      TMOD &= 0x0F;                //设定定时器1为16位自动重装方式
108      TL1 = 0xC0;                  //设定定时初值
109      TH1 = 0xFD;                  //设定定时初值
110      ET1 = 0;                     //禁止定时器1中断
111      TR1 = 1;                     //启动定时器1
112  }
113  void main()
114  {
115      unsigned char i;
116      P0M0=0xFF;P0M1=0x00;         //设置P0口为准双向I/O口(传统51模式)
117      P1M0=0x00;P1M1=0x00;         //设置P1口为准双向I/O口(传统51模式)
118      P3M0=0x00;P3M1=0x00;         //设置P3口为准双向I/O口(传统51模式)
119      P4M0=0xFF;P4M1=0x00;         //设置P4口为准双向I/O口(传统51模式)
120      delay(100);
121      UartInit();                  //串行口设置
122      ES = 1;                      //允许中断
123      EA = 1;                      //允许全局中断
124      serial_init();               //串行口接收数据清零
125      init();                      //LCD1602初始化
126      while(1)
127      {
128          display();               //显示
129          for(i=0;i<50;i++)        //检查数组r_f中的数据
130          {
131          if((r_f[i]=='1')&&(r_f[i-1]=='L'))
132          {table1[2]=r_f[i-1];table1[3]=r_f[i];LED1=0;serial_init();}  //数组中有"L1"
133          if((r_f[i]=='2')&&(r_f[i-1]=='L'))
134          {table1[2]=r_f[i-1];table1[3]=r_f[i];LED2=0;serial_init();}  //数组中有"L2"
135          if((r_f[i]=='3')&&(r_f[i-1]=='L'))
136          {table1[2]=r_f[i-1];table1[3]=r_f[i];LED3=0;serial_init();}  //数组中有"L3"
137          if((r_f[i]=='4')&&(r_f[i-1]=='L'))
138          {table1[2]=r_f[i-1];table1[3]=r_f[i];LED4=0;serial_init();}  //数组中有"L4"
139          if((r_f[i]=='0')&&(r_f[i-1]=='L'))
140          {table1[2]=r_f[i-1];table1[3]=r_f[i];LED1=1;LED2=1;LED3=1;LED4=1;serial_init();}  //数组中有"L0"
141          }
142          if(KEY1==0){while(KEY1==0);table2[2]='T';table2[3]='1';send("T1",2);}  //检测到按键1按下
143          if(KEY2==0){while(KEY2==0);table2[2]='T';table2[3]='2';send("T2",2);}  //检测到按键2按下
144          if(KEY3==0){while(KEY3==0);table2[2]='T';table2[3]='3';send("T3",2);}  //检测到按键3按下
145          if(KEY4==0){while(KEY4==0);table2[2]='T';table2[3]='4';send("T4",2);}  //检测到按键4按下
146      }
147  }
```

图 5-19　汽车串行口通信控制的源程序（续）

1. STC15W4K32S4 系列单片机串行口简介

STC15W4K32S4 系列单片机具有 4 个采用 UART 工作方式的全双工异步串行通信接口（串行口 1、串行口 2、串行口 3 和串行口 4）。每个串行口由 2 个数据缓冲器、1 个移位寄存器、1 个串行控制寄存器和 1 个波特率生成器等组成。每个串行口的数据缓冲器由 2 个互相独立的发送、接收缓冲器构成，可以同时发送和接收数据。发送缓冲器只能写入而不能读出，接收缓冲器只能读出而不能写入，因而两个缓冲器可以共用一个地址码。串行口 1 的两个缓冲器共用的地址码是 99H，串行口 2 的两个缓冲器共用的地址码是 9BH，串行口 3 的两个缓冲器共用的地址码是 ADH，串行口 4 的两个缓冲器共用的地址码是 85H。串行口 1 的两个缓冲器统称串行通信特殊功能寄存器 SBUF，串行口 2 的两个缓冲器统称串行通信特殊功能寄存器 S2BUF，串行口 3 的两个缓冲器统称

串行通信特殊功能寄存器 S3BUF，串行口 4 的两个缓冲器统称串行通信特殊功能寄存器 S4BUF。

STC15W4K32S4 系列单片机的串行口 1 有四种工作方式，其中两种方式的波特率是可变的，另两种是固定的，以供不同应用场合选用。串行口 2、串行口 3 和串行口 4 都只有两种工作方式，这两种方式的波特率都是可变的。用户可用软件设置不同的波特率和选择不同的工作方式。主机可通过查询或中断方式对接收/发送进行程序处理，使用十分灵活。

STC15W4K32S4 系列单片机的串行口 1 对应的硬件部分是 TxD 和 RxD。串行口 1 可以在 3 组引脚之间进行切换。通过设置特殊功能寄存器 AUXR1/P_SW1 中的位 S1_S1/AUXR1.7 和 S1_S0/P_SW1.6，可以将串行口 1 从（RxD/P3.0，TxD/P3.1）切换到（RxD_2/P3.6，TxD_2/P3.7），还可以切换到（RxD_3/P1.6，TxD_3/P1.7）。

STC15W4K32S4 系列单片机的串行口 2 对应的硬件部分是 TxD2 和 RxD2。串行口 2 可以在 2 组引脚之间进行切换。通过设置特殊功能寄存器 P_SW2 中的位 S2_S/P_SW2.0，可以将串行口 2 从（RxD2/P1.0，TxD2/P1.1）切换到（RxD2_2/P4.6，TxD2_2/P4.7）。

STC15W4K32S4 系列单片机的串行口 3 对应的硬件部分是 TxD3 和 RxD3。串行口 3 可以在 2 组引脚之间进行切换。通过设置特殊功能寄存器 P_SW2 中的位 S3_S/P_SW2.1，可以将串行口 3 从（RxD3/P0.0，TxD3/P0.1）切换到（RxD3_2/P5.0，TxD3_2/P5.1）。

STC15W4K32S4 系列单片机的串行口 4 对应的硬件部分是 TxD4 和 RxD4。串行口 4 可以在 2 组引脚之间进行切换。通过设置特殊功能寄存器 P_SW2 中的位 S4_S/P_SW2.2，可以将串行口 4 从（RxD4/P0.2，TxD4/P0.3）切换到（RxD4_2/P5.2，TxD4_2/P5.3）。

2. 串行口 1 的控制寄存器 SCON 和 PCON

STC15W4K32S4 系列单片机的串行口 1 设有两个控制寄存器：串行控制寄存器 SCON 和波特率选择特殊功能寄存器 PCON。

串行控制寄存器 SCON 用于选择串行通信的工作方式和某些控制功能，其格式见表 5-1。

表 5-1 串行控制寄存器 SCON 的格式（可位寻址）

SFR 名称	地址	位	B7	B6	B5	B4	B3	B2	B1	B0
SCON	98H	名称	SM0/FE	SM1	SM2	REN	TB8	RB8	TI	RI

1）SM0/FE：当 PCON 中的 SMOD0/PCON.6 位为 1 时，该位用于帧错误检测。当检测到一个无效停止位时，通过 UART 接收器设置该位。它必须由软件清零。当 PCON 寄存器中的 SMOD0/PCON.6 位为 0 时，该位和 SM1 一起确定串行通信的工作方式，见表 5-2。

表 5-2　SM0、SM1 确定串行口 1 的工作方式

SM0	SM1	工作方式	功能说明	波特率
0	0	方式 0	同步移位串行方式	当 UART_M0x6 = 0 时，波特率是 SYSclk/12 当 UART_M0x6 = 1 时，波特率是 SYSclk/2
0	1	方式 1	8 位 UART，波特率可变	串行口 1 用定时器 1 作为其波特率发生器，且定时器 1 工作于模式 0（16 位自动重装模式），或串行用定时器 2 作为其波特率发生器时，波特率 =（定时器 1 的溢出率或定时器 2 的溢出率）/4 注意：此时波特率与 SMOD 无关 当串行口 1 用定时器 1 作为其波特率发生器，且定时器 1 工作于模式 2（8 位自动重装模式）时，波特率 =（2^{SMOD}/32）×（定时器 1 的溢出率）
1	0	方式 2	9 位 UART	（2^{SMOD}/64）× SYSclk
1	1	方式 3	9 位 UART，波特率可变	当串行口 1 用定时器 1 作为其波特率发生器且定时器 1 工作于模式 0（16 位自动重装模式），或串行用定时器 2 作为其波特率发生器时，波特率 =（定时器 1 的溢出率或定时器 2 的溢出率）/4 注意：此时波特率与 SMOD 无关 当串行口 1 用定时器 1 作为其波特率发生器，且定时器 1 工作于模式 2（8 位自动重装模式）时，波特率 =（2^{SMOD}/32）×（定时器 1 的溢出率）

2）SM2：允许方式 2 或方式 3 多机通信控制位。

在方式 2 或方式 3 时，如果 SM2 位为 1 且 REN 位为 1，则接收机处于地址帧筛选状态。此时可以利用 RB8 来筛选地址帧：若 RB8=1，说明该帧是地址帧，地址信息可以进入 SBUF，并使 RI 为 1，进而在中断服务程序中再进行地址号比较；若 RB8=0，说明该帧不是地址帧，应丢掉且保持 RI=0。在方式 2 或方式 3 中，如果 SM2 位为 0 且 REN 位为 1，接收机处于地址帧筛选被禁止状态。不论收到的 RB8 为 0 或 1，均可使接收的信息进入 SBUF，并使 RI=1，此时 RB8 通常为校验位。

方式 1 和方式 0 是非多机通信方式，在这两种方式时，要设置 SM2 为 0。

3）REN：允许/禁止串行接收控制位。REN 由软件置位，即 REN=1 为允许串行接收状态，可启动串行接收器 RxD 开始接收信息。当软件复位 REN，即 REN=0 时则禁止接收。

4）TB8：在方式 2 或方式 3 中，它为要发送的第 9 位数据，按需要由软件置位或清零。TB8 可用作数据的校验位或多机通信中表示地址帧/数据帧的标志位。在方式 0 和方式 1 中，该位不用。

5）RB8：在方式 2 或方式 3 中，它是接收到的第 9 位数据，作为奇偶校验位或地址帧/数据帧的标志位。方式 0 中不用 RB8（置 SM2=0），方式 1 中也不用 RB8（置 SM2=0，RB8 是接收到的停止位）。

6）TI：发送中断请求标志位。在方式 0，当串行发送数据第 8 位数据结束时，由内部硬件自动置位，即 TI=1，向主机请求中断，响应中断后 TI 必须用软件清零，即 TI=0。在其他方式中，则在停止位开始发送时由内部硬件置位，即 TI=1，响应中断后 TI 必须用软件清零。

7）RI：接收中断请求标志位。在方式 0，当串行接收到第 8 位数据结束时，由内部

硬件自动置位 RI=1，向主机请求中断，响应中断后 RI 必须用软件清零，即 RI=0。在其他方式中，串行接收到停止位的中间时刻由内部硬件置位，即 RI=1，向 CPU 发中断申请，响应中断后 RI 必须由软件清零。

SCON 的所有位可通过整机复位信号复位为全"0"。SCON 的字节地址为 98H，可位寻址，各位地址为 98H～9FH，可用软件实现位设置。

串行通信的中断请求：当一帧发送完成，内部硬件自动置位 TI，即 TI=1，请求中断处理；当接收完一帧信息时，内部硬件自动置位 RI，即 RI=1，请求中断处理。由于 TI 和 RI 以或逻辑的关系向主机请求中断，所以主机响应中断时事先并不知道这是 TI 还是 RI 请求的中断，必须在中断服务程序中查询 TI 和 RI 进行判别，然后分别处理。因此，两个中断请求标志位均不能由硬件自动置位，必须通过软件清零，否则将出现一次请求得到多次响应的错误。

电源控制寄存器 PCON 中的 SMOD/PCON.7 用于设置方式 1、方式 2 和方式 3 的波特率是否加倍。电源控制寄存器 PCON 的格式见表 5-3。

表 5-3 电源控制寄存器 PCON 的格式（不可位寻址）

SFR 名称	地址	位	B7	B6	B5	B4	B3	B2	B1	B0
PCON	87H	名称	SMOD	SMOD0	LVDF	POF	GF1	GF0	PD	IDL

1）SMOD：波特率选择位。当用软件置位 SMOD，即 SMOD=1，则使串行通信方式 1、方式 2 和方式 3 的波特率加倍；SMOD=0，则各工作方式的波特率不加倍。复位时 SMOD=0。

2）SMOD0：帧错误检测有效控制位。当 SMOD0=1 时，SCON 寄存器中的 SM0/FE 位用于 FE（帧错误检测）功能；当 SMOD0=0，SCON 寄存器中的 SM0/FE 位用于 SM0 功能，和 SM1 一起指定串行口的工作方式。复位时 SMOD0=0。

PCON 中的其他位都与串行口 1 无关，在此不作介绍。

3. 串行口数据缓冲寄存器 SBUF

STC15 系列单片机的串行口 1 缓冲寄存器（SBUF）的地址是 99H，它实际是 2 个缓冲器，写 SBUF 的操作完成待发送数据的加载，读 SBUF 的操作可获得已接收到的数据。两个操作分别对应两个不同的寄存器，1 个是只写寄存器，1 个是只读寄存器。

串行通道内设有数据寄存器。在所有的串行通信方式中，在写入 SBUF 信号的控制下，把数据装入相同的 9 位移位寄存器，前面 8 位为数据字节，其最低位为移位寄存器的输出位。根据不同的工作方式会自动将"1"或 TB8 的值装入移位寄存器的第 9 位，并进行发送。

串行通道的接收寄存器是一个输入移位寄存器。在方式 0 时它的字长为 8 位，在其他方式时为 9 位。当一帧接收完毕，移位寄存器中的数据字节装入串行数据缓冲器 SBUF 中，其第 9 位则装入 SCON 寄存器中的 RB8 位。如果 SM2 使已接收到的数据无效，则 RB8 和 SBUF 中内容不变。

由于接收通道内设有输入移位寄存器和 SBUF 缓冲器，从而能使一帧接收完将数据由移位寄存器装入 SBUF 后，可立即开始接收下一帧信息，主机应在该帧接收结束前从

SBUF 缓冲器中将数据取走，否则前一帧数据将丢失。SBUF 中的数据以并行方式送往内部据总线。

4．辅助寄存器 AUXR

辅助寄存器 AUXR 的格式见表 5-4。

表 5-4　辅助寄存器 AUXR 的格式（不可位寻址）

SFR 名称	地址	位	B7	B6	B5	B4	B3	B2	B1	B0
AUXR	8EH	名称	T0x12	T1x12	UART_M0x6	T2R	T2_C/T	T2x12	EXTRAM	S1ST2

1）T0x12：定时器 0 速度控制位。

0，定时器 0 是传统 8051 的速度，12 分频。

1，定时器 0 的速度是传统 8051 的 12 倍速度，不分频。

2）T1x12：定时器 1 速度控制位。

0，定时器 1 是传统 8051 的速度，12 分频。

1，定时器 1 的速度是传统 8051 的 12 倍速度，不分频。

如果串行口 1 用定时器 1 作为波特率发生器，则由 T1x12 决定串行口 1 是 12 分频还是不分频。

3）UART_M0x6：串行口模式 0 的通信速度设置位。

0，串行口 1 模式 0 的速度是传统 8051 单片机串行口的速度，12 分频。

1，串行口 1 模式 0 的速度是传统 8051 单片机串行口速度的 6 倍，2 分频。

4）T2R：定时器 2 允许控制位。

0，不允许定时器 2 运行。

1，允许定时器 2 运行。

5）T2_C/T：控制定时器 2 用作定时器或计数器。

0，用作定时器（对内部系统时钟行计数）。

1，用作计数器（对引脚 T2/P3.1 的外部脉冲进行计数）。

6）T2x12：定时器 2 速度控制位。

0，定时器 2 是传统 8051 速度，12 分频。

1，定时器 2 的速度是传统 8051 的 12 倍，不分频。

如果串行口 1 或串行口 2 用定时器 2 作为波特率发生器，则由 T2x12 决定串行口 1 或串行口 2 是 12 分频还是不分频。

7）EXTRAM：内部 / 外部 RAM 存取控制位。

0，允许使用逻辑上在片外、物理上在片内的扩展 RAM。

1，禁止使用逻辑上在片外、物理上在片内的扩展 RAM。

8）S1ST2：串行口 1 选择定时器 2 作为波特率发生器的控制位。

0，选择定时器 1 作为串行口 1 的波特率发生器。

1，选择定时器 2 作为串行口 1 的波特率发生器，此时定时器 1 得到释放，可以作为独立定时器使用。

串行口 1 可以选择定时器 1 作为波特率发生器，也可以选择定时器 2 作为波特率发生器。当设置 AUXR 寄存器中的 S1ST2 位(串行口波特率选择位)为 1 时,串行口 1 选择定时器 2 作为波特率发生器,此时定时器 1 可以释放出来作为定时器/计数器/时钟输出使用。

对于 STC15W4K32S4 系列单片机,串行口 2 只能使用定时器 2 作为波特率发生器,不能够选择其他定时器作为其波特率发生器;而串行口 1 默认选择定时器 2 作为其波特率发生器,也可以选择定时器 1 作为其波特率发生器;串行口 3 默认选择定时器 2 作为其波特率发生器,也可以选择定时器 3 作为其波特率发生器;串行口 4 默认选择定时器 2 作为其波特率发生器,也可以选择定时器 4 作为其波特率发生器。

5. 定时器 2 的寄存器 T2H、T2L

定时器 2 的寄存器 T2H(地址为 D6H,复位值为 00H)及 T2L(地址为 D7H,复位值为 00H)用于保存重装时间。

6. 与串行口 1 中断相关的寄存器位 ES 和 PS

串行口中断允许位 ES 位于中断允许寄存器 IE 中,IE 和中断优先级控制寄存器 IP 的格式见表 5-5 和表 5-6。

表 5-5 中断允许寄存器 IE 的格式(可位寻址)

SFR 名称	地址	位	B7	B6	B5	B4	B3	B2	B1	B0
IE	A8H	名称	EA	ELVD	EADC	ES	ET1	EX1	TE0	EX0

1)EA:CPU 的总中断允许控制位。

EA=1,CPU 开放中断。

EA=0,CPU 屏蔽所有的中断申请。

EA 的作用是使中断允许形成多级控制。即各中断源首先受 EA 控制,其次还受各中断源自己的中断允许控制位控制。

2)ES:串行口中断允许位。

ES=1,允许串行口中断。

ES=0,禁止串行口中断。

表 5-6 中断优先级控制寄存器 IP 的格式(可位寻址)

SFR 名称	地址	位	B7	B6	B5	B4	B3	B2	B1	B0
IP	B8H	名称	PPCA	PLVD	PADC	PS	PT1	PX1	PT0	PX0

3)PS:串行口 1 中断优先级控制位。

当 PS=0 时,串行口 1 中断为最低优先级中断(优先级 0)。

当 PS=1 时,串行口 1 中断为最高优先级中断(优先级 1)。

7. 切换串行口 1 的寄存器 AUXR1(P_SW1)

AUXR1(P_SW1)寄存器的格式见表 5-7,S1_S0 及 S1_S1 控制位说明见表 5-8。

表 5-7　AUXR1（P_SW1）寄存器的格式

SFR 名称	地址	位	B7	B6	B5	B4	B3	B2	B1	B0
AUXR1 P_SW1	A2H	名称	S1_S1	S1_S0	CCP_S1	CCP_S0	SPI_S1	SPI_S0	0	DPS

表 5-8　S1_S0 及 S1_S1 控制位说明

S1_S1	S1_S0	串行口 1/S1 可以在 3 个地方切换
0	0	串行口 1/S1 在（P3.0/RxD，P3.1/TxD）
0	1	串行口 1/S1 在（P3.6/RxD_2，P3.7/TxD_2）
1	0	串行口 1/S1 在（P1.6/RxD_3，P1.7/TxD_3）
1	1	无效

8. 串行口 1 的工作模式

STC15W4K32S4 系列单片机的串行通信接口有 4 种工作方式，可通过软件编程对 SCON 中的 SM0、SM1 的设置进行选择。其中方式 1、方式 2 和方式 3 为异步通信，每个发送和接收的字符都带有 1 个启动位和 1 个停止位。在方式 0 中，串行口被作为 1 个简单的移位寄存器使用。

9. 串行口 1 的工作方式 1：8 位 UART，波特率可变

当软件设置 SCON 的 SM0、SM1 为"01"时，串行口 1 以方式 1 工作。此方式为 8 位 UART 格式，一帧信息为 10 位：1 位起始位、8 位数据位（低位在先）和 1 位停止位。波特率可变，即可根据需要进行设置。TxD/P3.1 发送信息，RxD/P3.0 接收信息，串行口为全双工接受 / 发送。

方式 1 的发送过程：串行通信模式发送时，数据由 TxD/P3.1 输出。当主机执行一条写 SBUF 的指令就启动串行通信的发送，写 SBUF 信号还会把"1"装入发送移位寄存器的第 9 位，并通过 TX 控制单元开始发送。

方式 1 的接收过程：当软件置位接收允许标志位 REN，即 REN=1 时，接收器便以选定波特率的 16 分频的速率采样串行接收端 RxD/P3.0，当检测到 RxD/P3.0 出现从"1"到"0"的负跳变时就启动接收器准备接收数据，并立即复位 16 分频计数器，将 1FFH 装入移位寄存器。复位 16 分频计数器是为了使它与输入位时间同步。

如果串行口接收到的数据有效，则装载入 SBUF，停止位进入 RB8，置位 RI，即 RI=1，向主机请求中断。在响应中断后，必须由软件清零，即 RI=0。串行口方式 1 功能结构示意图及接收 / 发送时序图如图 5-20 所示。

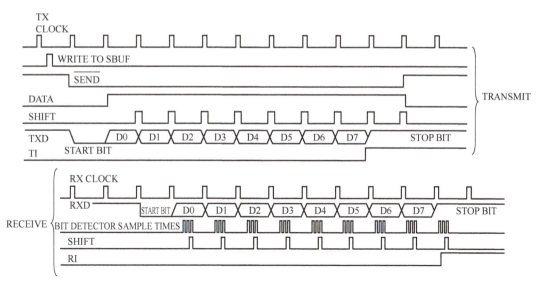

图 5-20 串行口方式 1 功能结构示意图及接收/发送时序图

10. 串行口通信初始化程序的自动生成

1)打开 STC-ISP 软件,选择"波特率计算机"选项卡,如图 5-21 所示。

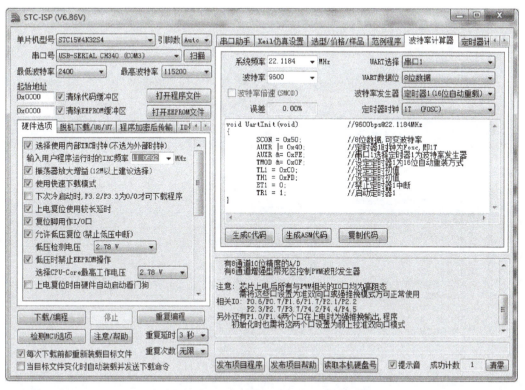

图 5-21 选择"波特率计算机"选项卡

2)选择系统频率"22.1184MHz",波特率"9600",UART 选择"串口 1",UART 数据位选择"8 位数据",波特率发生器选择"定时器 1(16 位自动重载)",定时器时钟选择"1T(FOSC)",最后单击"生成C代码"按钮,软件将自动生成串行口通信的初始化程序,如图5-22所示。

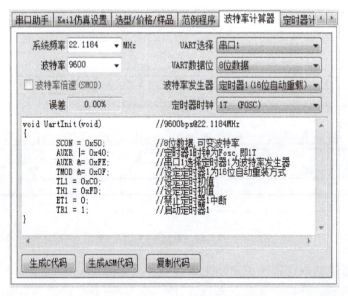

图5-22 生成串行口通信的初始化程序

11. 串口助手应用

1)打开STC-ISP软件,选择"串口助手"选项卡,如图5-23所示。

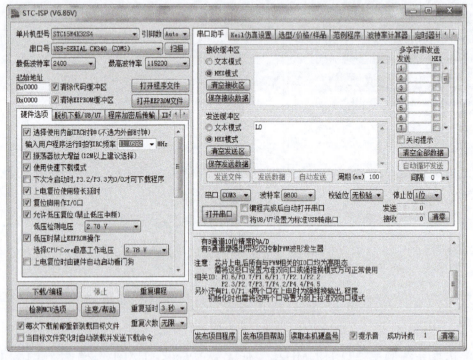

图5-23 选择"串口助手"选项卡

2)接收缓冲区如图 5-24 所示,选择"文本模式"时,接收区以文本形式显示接收数据,选择"HEX 模式"时,接收区以十六进制显示接收数据,单击"清空接收区"按钮时,右边的接收区被清空,单击"保存接收数据"按钮时,软件将右边接收区数据保存到计算机本地。

图 5-24　接收缓冲区

3)发送缓冲区如图 5-25 所示,选择"文本模式"时,发送区内的数据以文本形式进行发送,选择"HEX 模式"时,发送区内的数据以十六进制进行发送,单击"清空接收区"按钮时,右边的发送区被清空,单击"保存发送数据"按钮时,软件将右边发送区数据保存到计算机本地。

图 5-25　发送缓冲区

4)串口选择 USB 转串口模块在计算机里注册的串口号,可以在 STC-ISP 软件中查询到,如图 5-26 所示。

图 5-26　查询串口号

5)在图 5-27 中选择串口"COM3",波特率选择"9600",校验位选择"无校验",停止位选择"1 位",单击"打开串口"按钮后串口助手如图 5-27 所示。

注意:波特率、校验位、停止位的选择在串口通信时上位机与下位机应一致,否则会接收数据错误。

图 5-27　打开串口通信

6）打开串口通信后，"发送文件""发送数据"和"自动发送"按钮被激活。单击"发送文件"按钮，即可发送文件到下位机；单击"发送数据"按钮，即将发送区的内容以文件或十六进制形式发送；单击"自动发送"按钮，即将发送区的内容以文件或十六进制形式按周期进行自动发送，发送周期以"周期（ms）"后的数据为间隔，以图5-27为例则每0.1s自动发送一次。

12. 程序设计思路

汽车串行口通信控制的程序设计流程图如图5-28所示。

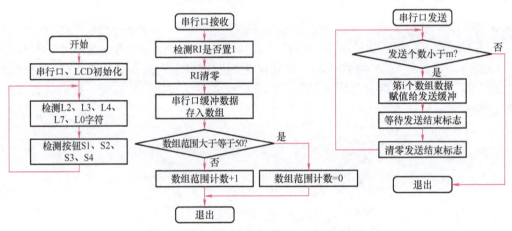

图5-28　汽车串行口通信控制的程序设计流程图

13. 关键指令分析

（1）串行口接收数据清零子程序（见图5-29）

```
77  void serial_init()              //串行口接收数据清零
78  {
79    unsigned char i;
80    for(i=0;i<50;i++) r_f[i]=0;   //接收数组清零
81    r_c=0;                         //接收计数器清零
82  }
```

图5-29　串行口接收数据清零子程序

（2）串行口发送子程序（见图5-30）

```
83  void send(unsigned char d[],unsigned int m)  //发送数组、发送个数
84  {
85    unsigned int i;
86    for(i=0;i<m;i++)
87    {
88      SBUF = d[i];                //发一个字节
89      while(!TI);                 //等待发送结束标志
90      TI=0;                       //将发送结束标志清零
91    }
92  }
```

图5-30　串行口发送子程序

（3）中断服务子程序（见图 5-31）

```
93  void UART1_int () interrupt 4      /////中断服务程序///////
94  { if(RI)                            //接收中断标志
95    {
96      RI = 0;                         //接收中断标志清零
97      r_f[r_c] = SBUF;                //保存一个字节到接收数组中。
98      if(r_c>=50) r_c=0;
99      else r_c++;
100   }
101 }
```

图 5-31　中断服务子程序

（4）串行口初始化子程序（见图 5-32）

```
102 void UartInit(void)         //22.1184MHz
103 {
104   SCON = 0x50;              //8位数据,可变波特率
105   AUXR |= 0x40;             //定时器1时钟为fosc,不分频
106   AUXR &= 0xFE;             //串行口1选择定时器1为波特率发生器
107   TMOD &= 0x0F;             //设定定时器1为16位自动重装方式
108   TL1 = 0xC0;               //设定定时初值
109   TH1 = 0xFD;               //设定定时初值
110   ET1 = 0;                  //禁止定时器1中断
111   TR1 = 1;                  //启动定时器1
112 }
```

图 5-32　串行口初始化子程序

任务 5-3　习题

1．STC15W4K32S4 系列单片机具有_____个采用_____工作方式的_____串行口。

2．对于 STC15W4K32S4 系列单片机，串行口 2 只能使用_____波特率发生器。

3．串行口中断允许位是_____。

4．串行通信中断标志位 RI 被置位后，必须由_____进行清零。

实操 5-3　汽车串行口通信控制学习工单

项目 5	汽车智能控制		任务 5-3		汽车串行口通信控制	学时	2
姓名		学号		班级		日期	
团队成员							
任务要求	基本任务：实现 LED 灯远程控制。发送"LED1"，亮 1 个灯；发送"LED2"，亮 2 个灯；发送"LED3"，亮 3 个灯；发送"LED4"，亮 4 个灯；发送"LED0"，灯全灭。 拓展任务：实现电动机 PWM 远程控制，发送指令为 DJ78Z，电动机以 78% 的占空比转动，指令范围为 DJ00Z ～ DJ99Z，其中 00 为电动机停，其余数字为占空比，单片机接收到正确指令时回复"OK"字符，PWM 数值不在范围内时返回"ERR"，LCD1602 显示接收的 PWM 值。						

（续）

1. 电路设计

2. 程序思路

3. 基本任务功能测试

1）检查电路连接是否正确： 是□ 否□
2）检查程序下载器是否连接正常： 是□ 否□
3）下载程序到目标板是否完成： 是□ 否□
4）串行口发送"LED1"，亮 1 个灯： 是□ 否□
5）串行口发送"LED2"，亮 2 个灯： 是□ 否□
6）串行口发送"LED3"，亮 3 个灯： 是□ 否□
7）串行口发送"LED4"，亮 4 个灯： 是□ 否□
8）串行口发送"LED0"，灯全灭： 是□ 否□

4. 拓展任务功能测试

1）发送 DJ01Z～DJ99Z，可实现电动机调速： 是□ 否□
2）LCD1602 显示接收的 PWM 值： 是□ 否□
3）发送 DJ01Z～DJ99Z，返回"OK"： 是□ 否□
4）发送 DJ00Z，电动机停转： 是□ 否□
5）发送 DJ110Z，单片机无处理操作： 是□ 否□
6）发送 DJACZ，返回"ERR"： 是□ 否□
7）发送 DJA9Z，返回"ERR"： 是□ 否□
8）发送 DJ9CZ，返回"ERR"： 是□ 否□

5. 检查展示

1）小组成员自查和互查，进行补充完善。

2）各小组推荐优秀作品进行展示解说。

项目 5　汽车智能控制

(续)

6. 总结评价

序号	评价项目	配分	自评分	组长评分	教师评分	企业评分	备注
1	电路设计	15					
2	程序思路	20					
3	基本任务	20					
4	拓展任务	15					
5	检查展示	10					
6	劳动纪律	5					
7	积极主动	5					
8	工匠精神	5					
9	贡献大小	5					
	合计	100					

综合得分 = 自评分 ×10%+ 组长评分 ×20%+ 教师评分 ×40%+ 企业评分 ×30%=

7. 反思

任务 5-4　汽车远程控制

目的与要求

通过单片机控制 WiFi 模块，实现手机与单片机之间的串行口通信，以此来模拟汽车远程控制。

设计要求：手机通过 TCP 连接助手发送 "LD1YZ"，控制 LED 灯 L2 点亮，返回 "LD1OK"；发送 "LD2YZ"，控制 LED 灯 L3 点亮，返回 "LD2OK"；发送 "LD3YZ"，控制 LED 灯 L4 点亮，返回 "LD3OK"；发送 "LD4YZ"，控制 LED 灯 L7 点亮，返回 "LD4OK"；发送 "LD0YZ"，控制所有 LED 灯熄灭，返回 "LD0OK"。按下按钮 S1，单片机向上位机发送 "KEY-1"，按下按钮 S2，单片机向上位机发送 "KEY-2"，按下按钮 S3，单片机向上位机发送 "KEY-3"，按下按钮 S4，单片机向上位机发送 "KEY-4"。要求在 LCD1602 上显示单片机通过串行口接收与发送的数据。

1. 电路设计

汽车远程控制的仿真电路如图 5-33 所示。

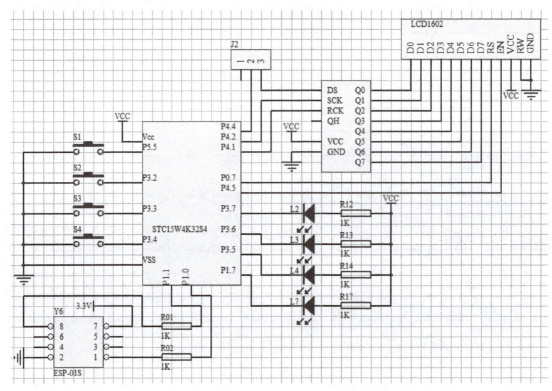

图 5-33 汽车远程控制的仿真电路

2. 源程序设计（见图 5-34）

```
1  /////5-4/////////////////////////////////
2  #include "STC15F2K60S2.h"
3  #include <intrins.h>
4  sbit DIO =P4^4;        //串行数据输入
5  sbit RCLK=P4^1;        //时钟脉冲信号——上升沿有效
6  sbit SCLK=P4^2;        //打入信号——上升沿有效
7  sbit lcden=P4^5;       //LCD1602使能端
8  sbit lcdrs=P0^7;       //LCD1602寄存器选择
9  sbit led1=P3^7;        //定义LED灯1为P3.7口
10 sbit led2=P3^6;        //定义LED灯2为P3.6口
11 sbit led3=P3^5;        //定义LED灯3为P3.5口
12 sbit led4=P1^7;        //定义LED灯4为P1.7口
13 sbit KEY1=P5^5;        //定义输入按钮1为P5.5口
14 sbit KEY2=P3^2;        //定义输入按钮2为P3.2口
15 sbit KEY3=P3^3;        //定义输入按钮3为P3.3口
16 sbit KEY4=P3^4;        //定义输入按钮4为P3.4口
17 unsigned char xdata r_f_2[50];    //串行口2接收数组
18 unsigned char r_c_2=0;            //串行口2接收计数
19 unsigned char code at_1[13]={'A','T','+','C','W','M','O','D','E','=','2',0x0D,0x0A};
20    //设置WiFi模式为softAP模式
21 unsigned char code at_2[38]={'A','T','+','C','W','S','A','P','=','"','E','S','P','8','2','6','6',
22    '"',',','"','0','1','2','3','4','5','6','7','8','9','"',',','1','1',',','0',0x0D,0x0A};
23    //配置ESP8266softAP参数，接入点名称：ESP8266，密码：0123456789，通道号：11，加密方式：不加密
24 unsigned char code at_3[13]={'A','T','+','C','I','P','M','U','X','=','1',0x0D,0x0A};
25    //设置多连接：多连接模式
26 unsigned char code at_4[21]={'A','T','+','C','I','P','S','E','R','V','E','R','=','1',',','8','8','9','9',0x0D,0x0A};
27    //建立TCP server连接，端口号：8899
28 unsigned char       at_s[16]={'A','T','+','C','I','P','S','E','N','D','=','0',',','5',0x0D,0x0A};
29    //发送数据连接指令，网络连接ID号：0，发送数据长度：5个字符
30 unsigned char table1[16]="T:KEY-0        ";    //第一行显示数组
31 unsigned char table2[16]="R:LD0YZ        ";    //第二行显示数组
```

图 5-34 汽车远程控制的源程序

```c
32  void HC595_OUT(unsigned char X)      //74HC595转换/////
33  { unsigned char i;
34    for(i=8;i>=1;i--)
35      { if (X&0x80) DIO=1; else DIO=0;
36        X<<=1;
37        SCLK = 0;    SCLK = 1;
38      }
39  }
40  void delay(unsigned int x)           //延时///////////
41  {unsigned int i,j;
42    for(i=x;i>0;i--)
43      { for(j=240;j>0;j--); }
44  }
45  void lcd_write_com(unsigned char com)    ////LCD1602写命令//////
46  { lcdrs=0;
47    HC595_OUT(com);
48    RCLK = 0;RCLK = 0;
49    RCLK = 1;RCLK = 1;
50    lcden=1;
51    delay(10);
52    lcden=0;
53  }
54  void lcd_write_data(unsigned char dat)   ////LCD1602写指令////
55  { lcdrs=1;
56    HC595_OUT(dat);
57    RCLK = 0;RCLK = 0;
58    RCLK = 1;RCLK = 1;
59    lcden=1;
60    delay(10);
61    lcden=0;
62  }
63  void display( )
64  {
65    unsigned char num;
66    lcd_write_com(0x80);                 ///显示第一行
67    for(num=0;num<16;num++)              //显示16个字符
68      {
69        lcd_write_data(table1[num]);
70        delay(10);
71      }
72    lcd_write_com(0xC0);                 ///显示第二行
73    for(num=0;num<16;num++)              //显示16个字符
74      {
75        lcd_write_data(table2[num]);
76        delay(10);
77      }
78  }
79  void init( )
80  { delay(1000);
81    lcd_write_com(0x38);delay(100);      //显示模式设置
82    lcd_write_com(0x08);delay(100);      //显示关闭
83    lcd_write_com(0x01);delay(100);      //显示清屏
84    lcd_write_com(0x06);delay(100);      //显示光标移动设置
85    lcd_write_com(0x0C);delay(100);      //显示开及光标设置
86  }
87  void serial_port_2_initial()
88  { unsigned char i;
89    for(i=0;i<50;i++) r_f_2[i]=0x00;     //接收数组清零
90    r_c_2=0;                             //接收计数器清零
91  }
92  void send_UART_2(unsigned char k[ ],m)    //串行口2发送程序/////
93  {unsigned char temp = 0,i;
94    for(i=0;i<m;i++)
95      { IE2 = 0x00;                      //关串行口2中断,ES2=0
96        S2CON= S2CON & 0xFD;             //清零串行口2发送完成中断请求标志
97        S2BUF = k[i];
98        do
99        {
100         temp = S2CON;
101         temp = temp & 0x02;
102       }while(temp==0);
103       S2CON= S2CON & 0xFD;             //清零串行口2发送完成中断请求标志
104       IE2 = 0x01;                      //允许串行口2中断,ES2=1
105     }
106 }
107 void UART_two_Interrupt_Receive(void) interrupt 8   ////串行口2中断服务程序///////
108 { unsigned char  k=0;
109   k = S2CON ;
110   k = k & 0x01;
111   if(k==1)
112     {
113       S2CON = S2CON & 0xFE;
114       r_f_2[r_c_2]=S2BUF;
115       r_c_2++;
116       if(r_c_2>=60) r_c_2=0;
117     }
118   else
119     {
120       S2CON = S2CON & 0xFD;
121     }
122 }
```

图 5-34　汽车远程控制的源程序（续）

```
124  void wu_wifi( )                                      /////远程WiFi控制////
125  {
126    unsigned char i;
127    for(i=0;i<50;i++)                                  //检测串行口接收数据
128    {
129      if((r_f_2[i]=='Z')&&(r_f_2[i-1]=='Y'))            //检测以"YZ"字符结束的指令。
130      {
131        if((r_f_2[i-2]=='1')&&(r_f_2[i-3]=='D')&&(r_f_2[i-4]=='L'))
132        {table2[4]='1';send_UART_2(at_s,16);            //发送"TCP发送数据"指令
133         delay(5000);                                   //适当延时
134         send_UART_2("LD1OK",5);                        //发送字符串返回手机TCP连接助手
135         led1=0;
136        }
137        else if((r_f_2[i-2]=='2')&&(r_f_2[i-3]=='D')&&(r_f_2[i-4]=='L'))
138        {table2[4]='2';send_UART_2(at_s,16);delay(5000);send_UART_2("LD2OK",5);led2=0;}
139        else if((r_f_2[i-2]=='3')&&(r_f_2[i-3]=='D')&&(r_f_2[i-4]=='L'))
140        {table2[4]='3';send_UART_2(at_s,16);delay(5000);send_UART_2("LD3OK",5);led3=0;}
141        else if((r_f_2[i-2]=='4')&&(r_f_2[i-3]=='D')&&(r_f_2[i-4]=='L'))
142        {table2[4]='4';send_UART_2(at_s,16);delay(5000);send_UART_2("LD4OK",5);led4=0;}
143        else if((r_f_2[i-2]=='0')&&(r_f_2[i-3]=='D')&&(r_f_2[i-4]=='L'))
144        {table2[4]='0';send_UART_2(at_s,16);delay(5000);send_UART_2("LD0OK",5);
145         led1=1;led2=1;led3=1;led4=1;
146        }
147        serial_port_2_initial();                        //检测到数据后清空接收缓冲数组
148      }
149    }
150  }

151  void an_jian( )                                      ////按钮检测程序///
152  { if(KEY1==0)                                        //检测按钮1,发送"KEY-1"
153    {while(KEY1==0);                                   //等待按钮1松开
154     table1[6]='1'; send_UART_2(at_s,16);              //发送"TCP发送数据"指令。
155     delay(5000);    send_UART_2("KEY-1",5);           //发送字符串返回手机TCP连接助手
156    }
157    if(KEY2==0) {while(KEY2==0);table1[6]='2';send_UART_2(at_s,16);delay(5000);send_UART_2("KEY-2",5);}
158    if(KEY3==0) {while(KEY3==0);table1[6]='3';send_UART_2(at_s,16);delay(5000);send_UART_2("KEY-3",5);}
159    if(KEY4==0) {while(KEY4==0);table1[6]='4';send_UART_2(at_s,16);delay(5000);send_UART_2("KEY-4",5);}
160  }
161  void UartInit(void)                                   //22.1184MHz
162  { S2CON = 0x50;                                       //8位数据,可变波特率
163    AUXR |= 0x04;                                       //定时器2时钟为f_osc,不分频
164    T2L = 0xC0;T2H = 0xFD;                              //设定定时初值
165    AUXR |= 0x10;                                       //启动定时器2
166  }
167  void main( )
168  { P0M0=0x00;P0M1=0x00;P1M0=0x00;P1M1=0x00;            //设置P0、P1口为准双向I/O口(传统8051模式)
169    P3M0=0x00;P3M1=0x00;P4M0=0x00;P4M1=0x00;            //设置P3为准双向I/O口(传统51模式)
170    P5M0=0x00;P5M1=0x00;                                //设置P5口为准双向I/O口(传统51模式)
171    UartInit( ); ES = 1;EA = 1;                         //串行口2通信初始化,允许中断,允许全局中断
172    serial_port_2_initial( );                           //串行口2接收数据清零
173    init( );delay(10000);                               //LCD1602初始化
174    send_UART_2(at_1,13);delay(10000);                  //WiFi模式设置
175    send_UART_2(at_2,38);delay(10000);                  //配置ESP8266 softAP参数
176    send_UART_2(at_3,13);delay(10000);                  //设置多连接方式
177    send_UART_2(at_4,21);                               //建立TCP服务
178    while(1)
179    {
180      wu_wifi( );                                       //远程WiFi控制程序
181      an_jian( );                                       //检测按键程序
182      display( );                                       //显示程序
183    }
```

图 5-34 汽车远程控制的源程序(续)

1. ESP-01S WiFi 模块简介

(1) 概述 ESP-01S WiFi 模块(见图 5-35)的核心处理器 ESP8266 在较小尺寸封装中集成了 32 位微型 MCU,带有 16 位精简模式,主频支持 80MHz 和 160MHz,支持 RTOS,集成 WiFiMAC/BB/RF/PA/LNA,设置板载天线。该模块支持标准的 IEEE 802.11b/g/n 协议,具有完整的 TCP/IP 栈。用户可以使用该模块为现有的设备添加联网功能,也可以构建独立的网络控制器。ESP8266 是高性能无线 SOC,可为 WiFi 功能嵌入其他系统提供多种可能。

(2) 接口定义 ESP-01S 共接出 8 个接口,引脚图如图 5-36 所示。

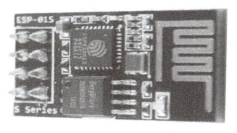

图 5-35　ESP-01S WiFi 模块

图 5-36　ESP-01S 的引脚图

引脚 1 为 GND，即电源地；引脚 2 为 GPIO2，即通用 I/O；引脚 3 为 GPIO0，即工作模式选择；引脚 4 为 RXD，即串行口数据接收端；引脚 5 为 Vcc，即 3.3V 供电；引脚 6 为 RST，即复位脚；引脚 7 为 CH_PD，即芯片使能，高电平使能；引脚 8 为 TXD，即串行口数据发送端。

串行口通信时，仅需要接 Vcc、GND、TXD 和 RXD 这 4 个引脚，其余悬空即可。

2. ESP8266 常用指令介绍

1）AT+RESTORE：恢复初始化，和手机恢复出厂设置一样。

2）AT+RST：重启。

3）AT：测试连接是否正常。

4）AT+UART=9600，8，1，0，0：修改波特率为 9600。

5）AT+UART=115200，8，1，0，0：修改波特率为 115200。

6）AT+CWMODE?：查询工作模式，1 是 Station（客户端模式）、2 是 AP（接入点模式）、3 是 Station+AP（两种模式共存）。

7）AT+CWJAP?：查询当前连接的路由器。

8）AT+CIFSR：查询 IP 地址、MAC 地址。

9）AT+CWMODE_DEF=1：配置 WiFi 模组工作模式，1 是 Station（客户端模式）、2 是 AP（接入点模式）、3 是 Station+AP（两种模式共存）。

10）AT+CWJAP="WiFi"，"123456789"：连接路由器（名称＋密码）。

11）AT+CWSMARTSTART：启动智能配网。

12）AT+CWSMARTSTOP：停止智能配网。

13）AT+CLDSTART：开启云服务。

14）AT+CIPMUX=1：设置成多连接后，才能开启 TCP 服务。

15）AT+CIPSERVER=1，5000：开启 TCP 服务。

16）AT+CIPSERVER=0，5000：关闭 TCP 服务。

3. ESP8266 基本配置命令

1）AT+CWMODE=2：开启 AP 模式。

2）AT+CWSAP="ESP8266"，"TJUT2017"，11，0：设置模块的 WiFi 和密码。

3）AT+CIPMUX=1：打开多连接，0 则是单连接。

注意：只有单连接才能开启透传。

4）AT+CIPSERVER=1，8686：设置模块服务器端口。

4. TCP 连接助手的应用

1）在手机应用商店搜索"TCP 连接"并单击安装,如图 5-37 所示。

图 5-37 搜索"TCP 连接"

2）打开"TCP 连接"APP,如图 5-38 所示。

图 5-38 打开"TCP 连接"APP 软件

3）单击图 5-38 中框出的"连接",设置 TCP 连接参数,如图 5-39 所示,输入参数后,单击图 5-39 中框出的"连接"。

图 5-39 设置 TCP 连接参数

4）TCP 连接成功后如图 5-40 所示。

图 5-40　TCP 连接成功

5）发送"LD1YZ"指令，下位机成功接收后，点亮 L2 灯，并返回"LD1OK"字符，如图 5-41 所示。

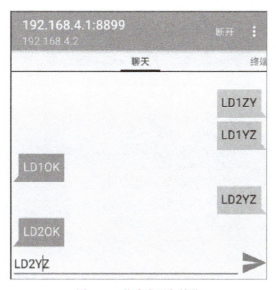

图 5-41　指令发送与接收

6）单击图 5-42a 所示左上方第一个方框，设置按钮名称与发送指令，如图 5-42b 所示，并单击"确定"。

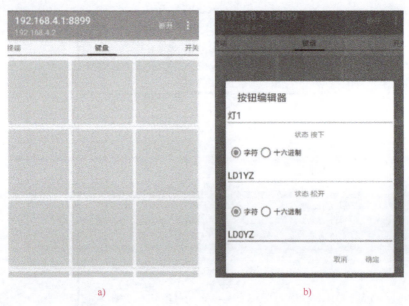

图 5-42 设置按钮名称与发送指令

7）按第 6）步的操作方法设置 4 个灯的按钮，如图 5-43 所示。可通过单击按钮来控制下位机的 LED 灯。单击"灯 2"按钮时发出的指令为"LD2YZ"，单击"灯 3"按钮时发出的指令为"LD3YZ"，单击"灯 4"按钮时发出的指令为"LD4YZ"，松开按钮发出的指令为"LD0YZ"。

图 5-43 设置 4 个灯的按钮

5. 程序设计思路

汽车远程控制的程序设计流程如图 5-44 所示。

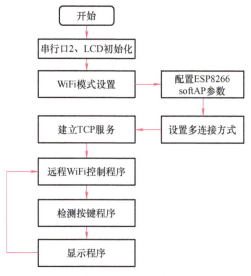

图 5-44　汽车远程控制的程序设计流程图

6. 关键指令分析

（1）远程 WiFi 控制程序（见图 5-45）

```
124  void wu_wifi()                                    ////远程WiFi控制///
125 {
126    unsigned char i;
127    for(i=0;i<50;i++)                              //检测串行口接收数据
128    {
129      if((r_f_2[i]=='Z')&&(r_f_2[i-1]=='Y'))        //检测以"YZ"字符结束的指令。
130      {
131        if((r_f_2[i-2]=='1')&&(r_f_2[i-3]=='D')&&(r_f_2[i-4]=='L'))
132        {table2[4]='1';send_UART_2(at_s,16);        //发送"TCP发送数据"指令
133         delay(5000);                               //适当延时
134         send_UART_2("LD10K",5);                    //发送字符串返回手机TCP连接助手
135         led1=0;
136        }
137        else if((r_f_2[i-2]=='2')&&(r_f_2[i-3]=='D')&&(r_f_2[i-4]=='L'))
138        {table2[4]='2';send_UART_2(at_s,16);delay(5000);send_UART_2("LD20K",5);led2=0;}
139        else if((r_f_2[i-2]=='3')&&(r_f_2[i-3]=='D')&&(r_f_2[i-4]=='L'))
140        {table2[4]='3';send_UART_2(at_s,16);delay(5000);send_UART_2("LD30K",5);led3=0;}
141        else if((r_f_2[i-2]=='4')&&(r_f_2[i-3]=='D')&&(r_f_2[i-4]=='L'))
142        {table2[4]='4';send_UART_2(at_s,16);delay(5000);send_UART_2("LD40K",5);led4=0;}
143        else if((r_f_2[i-2]=='0')&&(r_f_2[i-3]=='D')&&(r_f_2[i-4]=='L'))
144        {table2[4]='0';send_UART_2(at_s,16);delay(5000);send_UART_2("LD00K",5);
145         led1=1;led2=1;led3=1;led4=1;
146        }
147        serial_port_2_initial();                    //检测到数据后清空接收缓冲数组
148      }
149    }
150 }
```

图 5-45　远程 WiFi 控制程序

（2）主程序关键指令（见图 5-46）

```
174   send_UART_2(at_1,13);delay(10000);    //WiFi模式设置
175   send_UART_2(at_2,38);delay(10000);    //配置ESP8266 softAP参数
176   send_UART_2(at_3,13);delay(10000);    //设置多连接方式
177   send_UART_2(at_4,21);                 //建立TCP服务
```

图 5-46　主程序关键指令

任务 5-4　习题

1. ESP8266 中，修改波特率指令为_____。
2. ESP8266 中，连接路由器指令为_____。

3. ESP8266 中，开启 TCP 服务指令为_____。

实操 5-4　汽车远程控制学习工单

项目 5	汽车智能控制	任务 5-4	汽车远程控制	学时	2
姓名		学号		班级		日期	
团队成员					
任务要求	基本任务：用手机控制 LED 灯。发送"LED1"，亮 1 个灯；发送"LED2"，亮 2 个灯；发送"LED3"，亮 3 个灯；发送"LED4"，亮 4 个灯；发送"LED0"，灯全灭。 拓展任务：用手机实现电动机 PWM 控制。发送指令为"DJ78Z"，电动机以 78% 的占空比转动，指令范围为 DJ00Z ~ DJ99Z，00 为电动机停，其余数字为占空比，单片机接收到正确指令时回复"OK"字符，占空比不在范围内时返回"ERR"。

1. 电路设计

2. 程序思路

（续）

3. 基本任务功能测试
1）检查电路连接是否正确： 是□ 否□
2）检查程序下载器是否连接正常： 是□ 否□
3）下载程序到目标板是否完成： 是□ 否□
4）手机发送"LED1"，亮1个灯： 是□ 否□
5）手机发送"LED2"，亮2个灯： 是□ 否□
6）手机发送"LED3"，亮3个灯： 是□ 否□
7）手机发送"LED4"，亮4个灯： 是□ 否□
8）手机发送"LED0"，灯全灭： 是□ 否□

4. 拓展任务功能测试
1）发送DJ01Z～DJ99Z，可实现电动机调速： 是□ 否□
2）LCD1602显示接收的PWM值： 是□ 否□
3）发送DJ01Z～DJ99Z，返回"OK"： 是□ 否□
4）发送DJ00Z，电动机停转： 是□ 否□
5）发送DJ110Z，单片机无处理操作： 是□ 否□
6）发送DJACZ，返回"ERR"： 是□ 否□
7）发送DJA9Z，返回"ERR"： 是□ 否□
8）发送DJ9CZ，返回"ERR"： 是□ 否□

5. 检查展示
1）小组成员自查和互查，进行补充完善。
2）各小组推荐优秀作品进行展示解说。

6. 总结评价

序号	评价项目	配分	自评分	组长评分	教师评分	企业评分	备注
1	电路设计	15					
2	程序思路	20					
3	基本任务	20					
4	拓展任务	15					
5	检查展示	10					
6	劳动纪律	5					
7	积极主动	5					
8	工匠精神	5					
9	贡献大小	5					
	合计	100					

综合得分＝自评分×10%＋组长评分×20%＋教师评分×40%＋企业评分×30%＝

7. 反思

任务 5-5　汽车蓝牙控制

目的与要求

通过单片机控制蓝牙模块，实现手机与单片机的数据通信和功能控制，以此来模拟汽车上的蓝牙控制。

设计要求：实现手机通过蓝牙发送指令"STZ"控制 LED 灯 L1 的点亮，发送指令"SPZ"控制 LED 灯 L1 的熄灭；按下按钮 S1，单片机通过蓝牙模块向手机发送"KEY1"数据。

1. 电路设计

汽车蓝牙控制的仿真电路如图 5-47 所示。

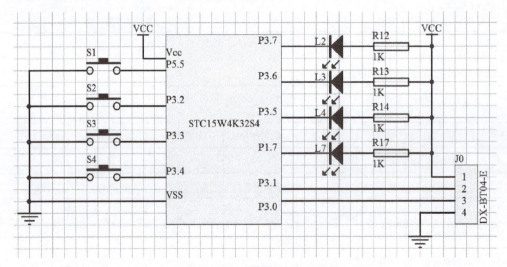

图 5-47　汽车蓝牙控制的仿真电路

2. 源程序设计（见图 5-48）

```
1  ////5-5////////////////////////
2  #include "STC15F2K60S2.h"
3  #include <intrins.h>
4  sbit LED1=P3^7;          //定义LED灯L2为P3.7口
5  sbit LED2=P3^6;          //定义LED灯L3为P3.6口
6  sbit LED3=P3^5;          //定义LED灯L4为P3.5口
7  sbit LED4=P1^7;          //定义LED灯L7为P1.7口
8  sbit KEY1=P5^5;          //定义S1为P5.5口
9  sbit KEY2=P3^2;          //定义S2为P3.2口
10 sbit KEY3=P3^3;          //定义S3为P3.3口
11 sbit KEY4=P3^4;          //定义S4为P3.4口
12 unsigned char r_f[50];   //接收缓冲数据
13 unsigned char r_c;       //串行口接收计数器
14 void serial_init()
15 {unsigned char i;
16 for(i=0;i<50;i++) r_f[i]=0;  //接收数组清零
17 r_c=0;                    //接收计数器清零
18 }
```

图 5-48　汽车蓝牙控制的源程序

```
19  void send(unsigned char d[],unsigned int m)   //发送数组、发送个数
20  {unsigned int i;
21   for(i=0;i<m;i++)
22   {
23    SBUF = d[i];                    //发一个字节
24    while(!TI);                     //等待发送结束标志
25    TI=0;                           //将发送结束标志清零
26   }
27  }
28  void UART1_int ( ) interrupt 4
29  { if(RI)                          //接收中断标志
30    {
31     RI = 0;                        //接收中断标志清零
32     r_f[r_c] = SBUF;               //保存一个字节到接收数组中
33     if(r_c>=50) r_c=0;
34     else r_c++;
35    }
36  }
37  void UartInit(void)               //22.1184MHz
38  { SCON = 0x50;                    //8位数据,可变波特率
39    AUXR |= 0x40;                   //定时器1时钟为f_osc,不分频
40    AUXR &= 0xFE;                   //串行口1选择定时器1为波特率发生器
41    TMOD &= 0x0F;                   //设定定时器1为16位自动重装方式
42    TL1 = 0xC0;                     //设定定时初值
43    TH1 = 0xFD;                     //设定定时初值
44    ET1 = 0;                        //禁止定时器1中断
45    TR1 = 1;                        //启动定时器1
46  }
47  void main( )
48  {unsigned char i;
49   P0M0=0xFF;P0M1=0x00;             //设置P0口为准双向I/O口(传统8051模式)
50   P1M0=0x00;P1M1=0x00;             //设置P1口为准双向I/O口(传统8051模式)
51   P3M0=0x00;P3M1=0x00;             //设置P3口为准双向I/O口(传统8051模式)
52   P4M0=0xFF;P4M1=0x00;             //设置P4口为准双向I/O口(传统8051模式)
53   UartInit( );                     //串行口设置
54   ES = 1;                          //允许中断
55   EA=1;                            //开放所有中断
56   serial_init( );                  //串行口接收数据清零
57   while(1)
58   {for(i=0;i<50;i++)                //检查数组r_f中的数据
59    {if((r_f[i]=='T')&&(r_f[i-1]=='S'))  //检测打开灯命令
60     { LED1=0;                      //打开LED1指示灯
61       send("KAI",3);               //接收正确返回
62       serial_init( );              //接收数据清空
63     }
64     if((r_f[i]=='P')&&(r_f[i-1]=='S'))   //检测关闭灯命令
65     { LED1=1;                      //关闭LED1指示灯
66       send("GUAN",4);serial_init( );//接收正确返回,接收数据清空
67     }
68     if(KEY1==0)                    //检测按钮是否被按下
69     {while(KEY1==0);send("KEY1",4);}//等待按钮松开/发送"KEY1"命令
70   } }
```

图 5-48 汽车蓝牙控制的源程序(续)

相关知识

1. 蓝牙通信

蓝牙是一种支持设备短距离通信（一般在10m内）的无线电技术，能在包括移动电话、PDA、无线耳机、笔记本计算机、相关外设等众多设备之间进行无线信息交换。利用蓝牙技术，能够有效地简化移动通信终端设备之间的通信，也能够成功地简化设备与因特网之间的通信，从而使数据传输变得更加迅速高效，为无线通信拓宽道路。

蓝牙作为一种小范围无线连接技术，能在设备间实现方便快捷、灵活安全、低成本、低功耗的数据通信和语音通信，因此它是目前实现无线个域网通信的主流技术之一，而且与其他网络相连接可以带来更广泛的应用。

蓝牙技术是一种无线数据与语音通信的开放性全球规范，它以低成本的近距离无线连接为基础，为固定与移动设备通信环境建立一个特别连接。其实质内容是为固定设备或移

动设备之间的通信环境建立通用的无线电空中接口（Radio Air Interface），将通信技术与计算机技术进一步结合起来，使各种 3C 设备在没有电线或电缆相互连接的情况下，能在近距离范围内实现相互通信或操作。简单来说，蓝牙技术是一种利用低功率无线电在各种 3C 设备间彼此传输数据的技术。蓝牙工作在全球通用的 2.4GHz ISM（即工业、科学、医学）频段，使用 IEEE 802.15 协议。作为一种新兴的短距离无线通信技术，蓝牙技术正有力地推动着低速无线个人区域网络的发展。

2. DX-BT04-E 概述

DX-BT04-E 蓝牙模块为智能无线数据传输的 SPP+BLE 双模蓝牙，模块支持 UART 接口，支持 SPP 蓝牙串行口协议，具有成本低、体积小、功耗低、收发灵敏性高等优点，只需配备少许的外围元器件就能实现其强大功能。

3. AT 指令集

用户可以通过串行口和 DX-BT04-E 蓝牙模块进行通信，串行口使用 TX、RX 两根信号线，波特率支持 2400，4800，9600，19200，38400，57600，115200，串口默认波特率为 9600。

发送 AT 指令时必须换行，AT 指令只能在蓝牙模块未连接状态下才能生效，一旦蓝牙模块与设备连接上，蓝牙模块即进入数据透传模式。如不能按 <Enter> 键换行，则加 \r\n 即可，AT 指令不分大小写。

（1）测试指令

下行指令：AT

响　　应：OK

（2）模块复位（重启）

下行指令：AT+RESET

响　　应：OK

（3）获取软件版本号

下行指令：AT+VERSION

响　　应：+VERSION=<Param>

　　　　　OK

参　　数：Param，软件版本号

例如：

发送 AT+VERSION\r\n。

返回 +VERSION=2.0-20100601 OK。

（4）恢复默认状态

下行指令：AT+DEFAULT

响　　应：OK

（5）查询 - 蓝牙地址码

下行指令：AT+LADDR

响　　应：+ LADDR =<Param>

参　　数：Param，地址码

例如：

发送 AT+LADDR\r\n。

返回 +LADDR=11：22：33：44：55：66。

11：22：33：44：55：66 为查询所获取的实际地址码。

（6）查询/设置设备名称：

下行指令：AT+NAME<Param>　　　响　　应：OK

下行指令：AT+NAME　　　　　　响　　应：① +NAME=<Param>

　　　　　　　　　　　　　　　　　　　　OK——成功

　　　　　　　　　　　　　　　　　　② FAIL——失败

参　　数：Param，蓝牙设备名称（默认名称为"BT04-E"）

例如：

修改蓝牙设备名为 1234。

发送 AT+NAME1234\r\n。

返回 +NAME=1234。

这时蓝牙名称改为 1234。

参数支持掉电保存。

（7）查询/设置–配对码

下行指令：AT+PIN<Param>　　　响　　应：OK

下行指令：AT+PIN　　　　　　　响　　应：+PIN=<Param> OK

参　　数：Param，配对码（默认名称为"1234"）

例如：

修改配对码为 8888。

发送 AT+PIN8888\r\n。

返回 +PIN=8888。

这时蓝牙配对密码改为 8888，模块默认配对密码是 1234。

（8）查询/设置–串口波特率

下行指令：AT+BAUD<Param>　　　响　　应：OK

下行指令：AT+BAUD　　　　　　　响　　应：+BAUD=<Param> OK

参　　数：Param，波特率（2——2400；3——4800；4——9600；5——19200；6——38400；7——57600；8——115200）

例如：

修改波特率为 38400。

发送 AT+BAUD6。

返回 +BAUD=6。

此时波特率为 38400。

注意：波特率更改以后，如果不是默认的 9600，在以后参数设置或进行数据通信时，需使用所设置的波特率。

4. 电脑串行口调试过程

1）连接模块到 USB 转 TTL 下载器口，如图 5-49 所示。

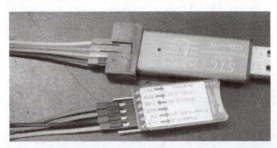

图 5-49　串行口调试硬件连接

2）更改设备名称，串行口发送"AT+NAMETEST_LY"，将设备名称更改为"TEST_LY"，如图 5-50 所示。

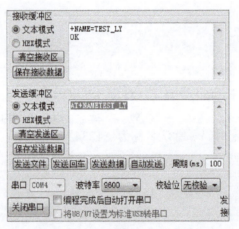

图 5-50　更改设备名称

3）更改设备连接密码，串行口发送"AT+PIN1234"，将设备连接密码更改为"1234"，如图 5-51 所示。

图 5-51　更改设备连接密码

4）手机连接设备，打开手机蓝牙助手，单击"搜索SPP"按钮，找到名称为"TEST_LY"的蓝牙设备，单击设备名称，在弹出的蓝牙配对请求中输入连接密码"1234"，完成连接，此时计算机串行口接收到"+CONNECTING<<98：da：a0：00：06：da +CONNECTED"信息，表明连接成功，连接成功后如图5-52所示。

图 5-52 设备连接成功

5）数据互传，在计算机端发送数据，手机端接收区显示发送数据；手机端发送数据，计算机端接收区显示数据，即可实现手机和计算机之间的蓝牙通信。实际工作中可利用单片机或其他可编程器件代替计算机进行蓝牙通信。

5. 程序设计思路

汽车蓝牙控制的程序设计流程图如图5-53所示。

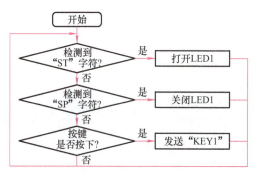

图 5-53 汽车蓝牙控制的程序设计流程图

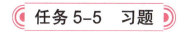

1. 蓝牙通信距离一般为_____。

2. 蓝牙工作在_____频段。

3. DX-BT04-E 蓝牙模块为智能无线数据传输的_____双模蓝牙。

实操 5-5　汽车蓝牙控制学习工单

项目 5	汽车智能控制		任务 5-5	汽车蓝牙控制	学时	2
姓名		学号		班级	日期	
团队成员						
任务要求	基本任务：实现手机通过蓝牙发送指令控制 LED2 的点亮和熄火；S2 通过蓝牙模块向手机发送"KEY2"数据。					
	拓展任务：实现电动机蓝牙 PWM 控制，发送指令为 DJ78Z，电动机以 78% 的占空比转动，指令范围为 DJ00Z～DJ99Z，00 为电动机停，其余数字为占空比，单片机接收到指令正确时回复"OK"字符，占空比数值不在范围内时返回"ERR"，用 LCD1602 显示接收的 PWM 值					

1. 电路设计

2. 程序思路

3. 基本任务功能测试

1）检查电路连接是否正确：　　　　　　　　　　　　　　　　是□　否□
2）检查程序下载器是否连接正常：　　　　　　　　　　　　　是□　否□
3）下载程序到目标板是否完成：　　　　　　　　　　　　　　是□　否□
4）蓝牙控制 LED2 点亮：　　　　　　　　　　　　　　　　　是□　否□
5）蓝牙控制 LED2 熄灭：　　　　　　　　　　　　　　　　　是□　否□
6）手机接收"KEY2"数据：　　　　　　　　　　　　　　　　是□　否□

（续）

4. 拓展任务功能测试
1）发送 DJ01Z～DJ99Z，可实现电动机调速： 是□ 否□
2）LCD1602 显示接收 PWM 值： 是□ 否□
3）发送 DJ01Z～DJ99Z，返回"OK"： 是□ 否□
4）发送 DJ00Z，电动机停转： 是□ 否□
5）发送 DJ110Z，单片机无处理操作： 是□ 否□
6）发送 DJACZ，返回"ERR"： 是□ 否□
7）发送 DJA9Z，返回"ERR"： 是□ 否□
8）发送 DJ9CZ，返回"ERR"： 是□ 否□

5. 检查展示
1）小组成员自查和互查，进行补充完善。
2）各小组推荐优秀作品进行展示解说。

6. 总结评价

序号	评价项目	配分	自评分	组长评分	教师评分	企业评分	备注
1	电路设计	15					
2	程序思路	20					
3	基本任务	20					
4	拓展任务	15					
5	检查展示	10					
6	劳动纪律	5					
7	积极主动	5					
8	工匠精神	5					
9	贡献大小	5					
	合计	100					

综合得分 = 自评分 ×10%+ 组长评分 ×20%+ 教师评分 ×40%+ 企业评分 ×30%=

7. 反思

项目 5　测评

序号	测评内容	是否具备该项能力	存在的主要问题
1	能编制程序进行自动循迹	是□　否□	
2	能编制程序进行超声波测距	是□　否□	
3	能编制程序进行串行口通信	是□　否□	
4	能编制程序进行 WiFi 通信	是□　否□	

项目 6
汽车扩展控制

本项目以汽车温度表控制、汽车电能表控制、汽车无线控制为实例,介绍温度传感器 DS18B20、电池电能检测、无线 315MHz 接收解码等知识,通过对单片机学习开发板 TT3 的实践操作,掌握单片机在 DS18B20、电池电能检测、无线 315MHz 接收解码等方面的编程技巧。

知识目标

1)能描述 DS18B20 编程方法。
2)能描述电池电能检测的应用方法。
3)能描述无线 315MHz 接收解码编程方法。

技能目标

1)能编制汽车温度表控制程序。
2)能编制汽车电能表控制程序。
3)能编制汽车无线控制程序。

任务 6-1 汽车温度表控制

 目的与要求

通过单片机控制,在 LCD1602 上显示实时温度值,以此来模拟汽车上的各种温度检测及显示系统。

设计要求:第一行显示"Temperature:",第二行显示实时温度。

1. 电路设计

汽车温度表控制的仿真电路如图 6-1 所示。

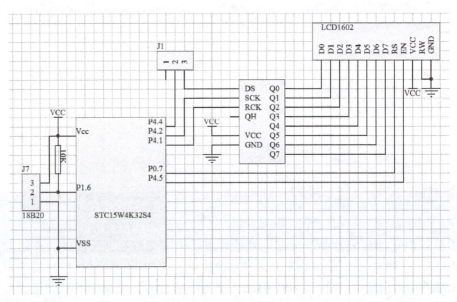

图 6-1　汽车温度表控制的仿真电路

2. 源程序设计（见图 6-2）

```
1   ////6-1 温度检测////////////////////////
2   #include "STC15F2K60S2.h"
3   #include <intrins.h>
4   sbit DIO=P4^4;                          //串行数据输入
5   sbit RCLK=P4^1;                         //时钟脉冲信号——上升沿有效
6   sbit SCLK=P4^2;                         //打入信号——上升沿有效
7   sbit lcden=P4^5;                        //LCD1602使能端
8   sbit lcdrs=P0^7;                        //LCD1602寄存器选择
9   sbit DQ = P1^6;                         //温度传感器
10  unsigned char table1[16]=" Temperature:   ";   //第一行显示数据
11  unsigned char table2[16]="                ";   //第二行显示数据
12  unsigned int temp;                      //温度变量
13  bit zhen_bit;                           //正负温度标志
14  void HC595_OUT(unsigned char X)         //74HC595输出子程序
15  { unsigned char i;
16    for(i=8;i>=1;i--)
17    {
18      if (X&0x80) DIO=1; else DIO=0;
19      X<<=1;
20      SCLK = 0;   SCLK = 1;
21    }
22  }
23  void delay(unsigned int x)              //延时程序
24  {unsigned int i,j;
25    for(i=x;i>0;i--)
26    { for(j=240;j>0;j--); }
27  }
28  void lcd_write_com(unsigned char com)   //LCD1602写指令
29  { lcdrs=0;
30    HC595_OUT(com);
31    RCLK = 0;RCLK = 0;
32    RCLK = 1;RCLK = 1;
33    lcden=1;
34    delay(10);
35    lcden=0;
36  }
37  void lcd_write_data(unsigned char dat)  //LCD1602写数据
38  { lcdrs=1;
39    HC595_OUT(dat);
40    RCLK = 0;RCLK = 0;
41    RCLK = 1;RCLK = 1;
42    lcden=1;
```

图 6-2　汽车温度表控制的源程序

项目6 汽车扩展控制

```c
43        delay(10);
44        lcden=0;
45   }
46   void display( )                          //显示
47   {
48        unsigned char num;
49        lcd_write_com(0x80);                 //显示第一行
50        for(num=0;num<16;num++)
51        {
52        lcd_write_data(table1[num]);
53        delay(10);
54        }
55        lcd_write_com(0xC0);                 //显示第二行
56        for(num=0;num<16;num++)
57        {
58        lcd_write_data(table2[num]);
59        delay(10);
60        }
61   }
62   void init( )
63   { delay(1000);
64        lcd_write_com(0x38);delay(100);      //显示模式设置
65        lcd_write_com(0x08);delay(100);      //显示关闭
66        lcd_write_com(0x01);delay(100);      //显示清屏
67        lcd_write_com(0x06);delay(100);      //显示光标移动设置
68        lcd_write_com(0x0C);delay(100);      //显示开及光标设置
69   }
70   void delay_18B20(unsigned int i)
71   {
72        while(i--);
73   }
74   void Init_18B20(void)                     //温度检测复位程序
75   {
76        unsigned char x=0;
77        DQ = 1;                              //DQ复位
78        delay_18B20(80);                     //稍做延时(80)
79        DQ = 0;                              //单片机将DQ拉低
80        delay_18B20(500);                    //精确延时大于480μs
81        DQ = 1;                              //拉高总线
82        delay_18B20(80);
83        x=DQ;    delay_18B20(200);           //延时
84   }
85   unsigned char Read(void)                  /////DS18B20读指令
86   {unsigned char i=0;
87        unsigned char dat = 0;
88        for (i=8;i>0;i--)
89        {
90             DQ = 0;                         //给脉冲信号
91             dat>>=1;
92             DQ = 1;                         //给脉冲信号
93             if(DQ)
94             dat|=0x80;
95             delay_18B20(40);                //延时
96        }
97        return(dat);
98   }
99   void Write(unsigned char dat)             ///DS18B20写指令
100  {    unsigned char i=0;
101       for (i=8; i>0; i--)
102       {
103            DQ = 0;
104            DQ = dat&0x01;
105            delay_18B20(50);
106            DQ = 1;
107            dat>>=1;
108       }
109  }
110  unsigned int ReadTemp(void)               //////读DS18B20温度数据/////////
111  {unsigned char a=0;
112       unsigned char b=0;
113       unsigned int temp_value=0;
114       Init_18B20( );                       //复位
115       Write(0xCC);                         //跳过ROM指令
116       Write(0x44);                         //温度转换指令
117       delay_18B20(600);                    //延时
118       Init_18B20( );                       //复位
119       Write(0xCC);                         //跳过ROM指令
120       Write(0xBE);                         //读取暂存寄存器
```

图 6-2 汽车温度表控制的源程序（续）

```
121     delay_18B20(600);                        //延时
122     a=Read( );                               //读取温度值低位
123     b=Read( );                               //读取温度值高位
124     temp_value = b<<8;                       //高位数据左移8位
125     temp_value |= a;                         //高低位数据合并
126     return temp_value;                       //返回温度数据
127 }
128
129 void temp_read_1( )                          //////读温度程序////////
130 {
131     float f_temp;
132     temp=ReadTemp( );                        //读温度数据
133     if(temp<=0x0800)                         ////////正温度
134     {
135         f_temp=temp*0.0625;                  //精度为12位,所以分辨率为0.0625
136         temp=f_temp*10;                      //乘以10,将实际温度扩大10倍
137         zhen_bit=1;                          //正温度标志位
138     }
139     else                                     //负温度
140     {
141         zhen_bit=0;                          //负温度标志位
142         temp=~temp;temp+=1;temp>>=4;         //负温度数据处理
143     }
144 }
145 void main( )
146 {
147     unsigned char i;
148     P0M0=0xFF;P0M1=0x00;                     //设置P0口为强输出模式
149     P4M0=0xFF;P4M1=0x00;                     //设置P4口为强输出模式
150     P1M0=0x00;P1M1=0x00;                     //设置P1口为准双向I/O口(传统51模式)
151     delay(100);                              //延时
152     init( );                                 //LCD1602初始化
153     while(1)
154     {
155         temp_read_1( );                      //读温度值
156         if(zhen_bit==1)    table2[1]='+';    //正温度
157         else               table2[1]='-';    //负温度
158         table2[2]=(temp%1000)/100+0x30;      //取温度值百位,变成ASCII码
159         table2[3]=(temp%100)/10+0x30;        //取温度值十位,变成ASCII码
160         table2[4]='.';                       //显示小数点
161         table2[5]=(temp%10)+0x30;            //取温度值个位,变成ASCII码
162         table2[6]='C';                       //显示温度符号
163         for(i=0;i<10;i++) display( );        //降低A/D转换读取频率。改变i值,可改变数据刷新速度
164     }
```

图 6-2 汽车温度表控制的源程序（续）

1. 数字温度传感器（DS18B20）概述

数字温度传感器（DS18B20）提供 9 位到 12 位的摄氏温度测量精度和一个用户可编程的非易失且过温和低温触发的报警功能。DS18B20 采用 1-Wire 通信，即仅采用一条数据线（以及地线）与单片机进行通信。该传感器的温度检测范围为 -55～125℃，并且在温度小于 -10℃或大于 85℃时还具有 ±0.5℃的精度。此外，DS18B20 可以直接由数据线供电而不需要外部电源供电。每片 DS18B20 都有一个独一无二的 64 位序列号，所以一条 1-Wire 总线上可连接多个 DS18B20。因此，在一个分布式的大环境里用一个单片机控制多个 DS18B20 是非常简单的。这些特征使得其在 HVAC 环境控制，建筑、设备及机械的温度监控系统以及温度过程控制中有着很大的优势。

2. DS18B20 的特性

1）独特的 1-Wire 总线接口仅需要一个引脚来通信。

2）每个设备的内部 ROM 上都烧写了一个独一无二的 64 位序列号。

3）多路采集能力使得分布式温度采集应用更加简单。

4）无需外围元器件。

5）能够采用数据线供电，供电范围为 3.0 ～ 5.5V。

6）温度可测量范围为：–55 ～ 125℃（–67 ～ 257 ℉）。

7）温度范围在 –10 ～ 85℃之外时具有 ±0.5℃的精度。

8）内部温度采集精度可以由用户自定义为 9 ～ 12 位。

9）温度转换时间在转换精度为 12 位时达到最大值（750ms）。

10）用户自定义非易失性的温度报警设置。

11）当温度超过用户自定义的设定值时可通过搜索命令来获取温度报警信息。

12）可选择的 8 脚 SO（150 mils），8 脚 μSOP，及 3 脚 TO-92 封装。

13）与 DS1822 程序兼容。

14）可应用于温度控制、工业系统、民用产品、温度传感器或者任何温度检测系统中。

3. 引脚定义图

DS18B20 的三种封装中，3 脚 TO-92 封装（用得最多、最普遍的封装）和 8 脚 SO 封装较为常见。DS18B20 的 N.C 为置空引脚。Vdd 为电源引脚。DQ 为数据输入/输出，是 1-Wire 漏极开路接口引脚。当采用"寄生电源"供电方式时，同时向设备提供电源。GND 为电源地引脚。DS18B20 的引脚定义如图 6-3 所示。

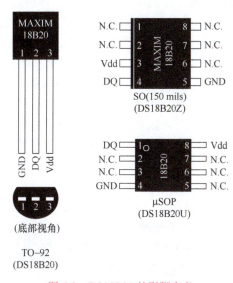

图 6-3　DS18B20 的引脚定义

4. 单片机控制 DS18B20 事件序列

（1）事件序列　访问 DS18B20 的事件序列如下所示：

1）初始化。

2）ROM 命令（紧跟任何数据交换请求）。

3）DS18B20 功能命令（紧跟任何数据交换请求）。

每次对 DS18B20 的访问都必须遵循这样的步骤，如果这些步骤中的任何一个丢失或者没有执行，则 DS18B20 将不会响应。当执行完这些 ROM 命令之后，主设备必须回到上述步骤中的第1）步。

（2）初始化　1-Wire 总线上的所有事件都必须从初始化开始。初始化序列由总线上的主设备发出的复位脉冲以及紧跟着从设备回应的存在脉冲构成。该存在脉冲可让总线上的主设备知道在该总线上有从设备（例如 DS18B20），并且已经准备好进行操作。

（3）ROM 命令　当总线上的主设备检测到了存在脉冲后，就可以执行 ROM 命令了。这些命令是对每个设备独一无二的 64 位 ROM 编码进行操作的，当总线上连接有多个设备时，可以通过这些命令识别各个设备。这些命令同时也可以使主设备确定该总线上有多少个什么类型的设备或者有温度报警信号的设备。ROM 命令总共包含 5 种，每个命令的长度都是 8 位。主设备在执行 DS18B20 功能命令之前必须先执行一个适当的 ROM 命令。

1）搜索 ROM（F0H）：当系统上电初始化后，主设备必须识别该总线上所有的从设备的 ROM 编码，这样就可以使主设备确定总线上的从设备的类型及数量。主设备学习 ROM 编码是一个清除的过程，则主设备要根据需要循环地发送搜索 ROM（F0H）命令（搜索 ROM 命令跟随着数据交换）来确定总线上所有的从设备。如果仅有一个从设备在该总线上，更加简单的读取 ROM 命令可以代替搜索 ROM 的过程。

2）读取 ROM（33H）：该命令在总线上仅有一个从设备时才能使用。该命令使得总线上的主设备不需要搜索 ROM 命令过程就可以读取从设备的 64 位 ROM 编码。当总线上有超过一个从设备时，若再发送该命令，则所有从设备都会回应，这将会引起数据冲突。

3）匹配 ROM（55H）：该命令之后跟随发送 64 位的 ROM 编码，使得总线上的主设备能够匹配特定的从设备。只有完全匹配该 64 位 ROM 编码的从设备才会响应总线上的主设备发出的功能命令，总线上的其他从设备则会等待下一个复位脉冲。

4）跳过 ROM（CCH）：主设备可以使用该命令来同时向总线上的所有从设备发送不用发送任何 ROM 编码的命令。例如主设备通过向总线上所有的 DS18B20 发送跳过 ROM 命令后再发送温度转换（44H）命令，则所有设备将会同时执行温度转换。对于 DS18B20 需要注意的是，当总线上仅有一个从设备时，读取暂存寄存器（BEH）命令后面可以跟随跳过 ROM 命令。在这种情况下，主设备可以读取从设备中的数据而不发送 64 位 ROM 编码。当总线上有多个从设备时，若在跳过 ROM 命令后再发送读取暂存寄存器命令，则所有的从设备将会同时开始传送数据，进而导致总线上的数据冲突。

5）警报搜索（ECH）：该命令的操作与跳过 ROM 命令基本相同，但不同的是只有警报标志位置的从设备才会响应。该命令可使主设备确定在最近一次温度转换期间是否有 DS18B20 发出温度报警。当所有的报警搜索命令循环执行后，总线上的主设备必须回到事件序列中的第一步（初始化）。

（4）DS18B20 功能命令　当总线上的主设备通过 ROM 命令确定了哪个 DS18B20 能够进行通信时，主设备就可以向其中一个 DS18B20 发送功能命令了。这些命令使得主设备可以向 DS18B20 的暂存寄存器写入或者读出数据、初始化温度转换及定义供电模式。

1）温度转换（44H）：该命令为初始化单次温度转换。温度转换完后，转换的数据存储在暂存寄存器的 2 个字节长度的温度寄存器中，之后 DS18B20 恢复到低功耗的闲置状态。如果该设备是采用外部供电模式，主设备在温度转换命令之后可以执行读取数据程序，若 DS18B20 正在进行温度转换则会响应低电平，温度转换完成则响应高电平。

2）写入暂存寄存器（4EH）：该命令使得主设备向 DS18B20 的暂存寄存器写入 3 个字

节的数据。第一个字节的数据写入 TH 寄存器（暂存寄存器的 Byte 2），第二个字节的数据写入 TL 寄存器（Byte 3），第三个字节的数据写入配置寄存器（Byte 4）。所有的数据必须低位先发。3 个字节的数据在写入之前，主设备必须先对从设备复位，否则数据将会损坏。

3）读取暂存寄存器（BEH）：该命令使得主设备可以读取暂存寄存器中存储的值。数据从 Byte 0 的低位开始传送，直到第 9 个字节（Byte 8）读取完毕。主设备若只需要暂存寄存器中的部分数据，则可以在读取数据过程中通过复位来终止。

4）复制暂存寄存器（48H）：该命令为将暂存寄存器中的 TH、TL 及配置寄存器（Byte 2、Byte 3 和 Byte 4）的值复制至 EEPROM 中。

5）召回 EEPROM（B8H）：该命令将温度报警触发值（TH 和 TL）及配置寄存器的数据从 EEPROM 中召回至暂存寄存器中的 Byte 2、Byte 3 和 Byte4 中。主设备可以在召回 EEPROM 命令之后执行读取数据程序，若 DS18B20 正在进行召回 EEPROM 则会响应低电平，完成召回 EEPROM 则响应高电平。召回 EEPROM 操作在上电初始化后会自动执行一次，所以设备在上电期间暂存寄存器中一直会有有效的数据。

6）读取供电模式（B4H）：主设备通过执行该命令之后再执行读取数据程序来确定总线上的 DS18B20 是否是由"寄生电源"供电。在读取数据程序中，"寄生电源"供电的 DS18B20 将会拉低总线电平，外部电源独立供电模式的 DS18B20 则会释放总线让其保持在高电平。

5. 1-Wire 总线信号

DS18B20 采用 1-Wire 总线通信协议来保证数据的完整性。该协议定义了多个信号形式：复位脉冲、存在脉冲、写 0、写 1、读 0 和读 1。主设备可执行除了存在脉冲外的所有其他信号。

（1）初始化程序——复位和存在脉冲　主设备与 DS18B20 所有的通信都是由初始化程序开始的，该程序包括从主设备发出的复位脉冲和从 DS18B20 响应的存在脉冲，如图 6-4 所示。当 DS18B20 发出响应的存在脉冲后，即向主设备表明其在该总线上，并且已经做好准备。

在初始化期间，总线上的主设备通过拉低 1-Wire 总线电平超过 480μs 来发送（TX）复位脉冲。之后主设备释放总线并进入接收模式（RX）。当总线释放后，5kΩ 左右的上拉电阻将 1-Wire 总线拉至高电平。当 DS18B20 检测到该上升沿信号后，其等待 15μs 至 60μs 后通过将 1-Wire 总线电平拉低 60～240μs 来实现发送一个存在脉冲。

单片机程序设计过程：

1）先将数据线置高电平 1。

2）延时（该时间要求不是很严格，但是要尽可能短一点）。

3）将数据线拉到低电平 0。

4）延时 750μs（该时间范围可以在 480～960μs 间）。

5）数据线拉到高电平 1。

6）延时等待，如果初始化成功则在 15～60ms 内产生一个由 DS18B20 返回的低电平 0，据该状态可以确定它的存在。但是应注意不能无限地等待，不然会使程序进入死循环，所以要进行超时判断。

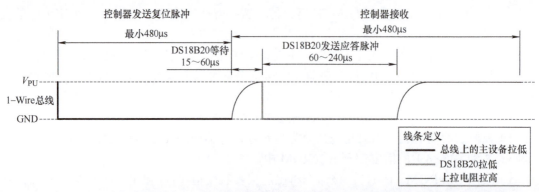

图 6-4 初始化程序的时序图

7）若 CPU 读到数据线上的低电平 0 后，还要进行延时，其延时时间从第 5）步的时间算起最少要 480μs。

8）将数据线再次拉到高电平 1 后结束。

（2）写数据　主设备通过写数据向 DS18B20 中写入数据，通过读数据从 DS18B20 中读取数据。1-Wire 总线上每一次读/写数据只能传送一位数据。

写数据有两种情况："写 1"数据和"写 0"数据。主设备通过"写 1"数据来向 DS18B20 中写入逻辑 1，通过"写 0"数据向 DS18B20 中写入逻辑 0。每个写数据最小必须有 60μs 的持续时间且独立的写数据时间至少有 1μs。每个写数据都由主设备通过 1-Wire 总线进行。

为了形成"写 1"数据，在将 1-Wire 总线电平拉低后，主设备必须在 15μs 之内释放总线。当总线释放后，5kΩ 的上拉电阻将总线拉高。为了形成"写 0"数据，主设备在将 1-Wire 总线电平拉低后，在整个数据期间主设备必须一直拉低总线电平（至少 60μs）。

在主设备初始化写数据后，DS18B20 将会在 15～60μs 的时间窗口内对总线进行采样。如果总线在采样窗口期间是高电平，则逻辑 1 被写入 DS18B20；若总线是低电平，则逻辑 0 被写入 DS18B20。

单片机程序设计过程：

1）数据线置低电平 0。

2）延时确定的时间为 15μs。

3）按从低位到高位的顺序发送数据（若发送数据为 1，数据线电平拉高；若发送数据为 0，数据线电平拉低。一次只发送一位）。

4）延时时间 45μs。

5）将数据线拉到高电平 1。

6）重复步骤 1）～5），直到发送完整个字节。

7）最后将数据线电平拉高到 1。

（3）读数据　仅在读数据期间 DS18B20 才能向主设备传送数据。因此，主设备在执行完读取暂存寄存器（BEH）或读取供电模式（B4H）后，必须及时地生成读数据，这样 DS18B20 才能提供所需的数据。此外，主设备可以在执行完转换温度（44H）或召回 EEPROM（B8H）命令后生成读数据。

每个读数据最小必须有 60μs 的持续时间且独立的写数据间至少有 1μs。读数据通过主设备将总线电平拉低超过 1μs 再释放总线来实现，读/写数据的时序如图 6-5 所示。当主设备初始化完读数据后，DS18B20 将会向总线发送 0 或者 1。DS18B20 通过将总线电平拉高来发送逻辑 1，将总线电平拉低来发送逻辑 0。当发送完 0 后，DS18B20 将会释放总线，则通过上拉电阻，该总线将会恢复到高电平的闲置状态。从 DS18B20 中输出的数据在初始化读数据后仅有 15μs 的有效时间。因此，主设备在开始读数据后的 15μs 之内必须释放总线，并且对总线进行采样。

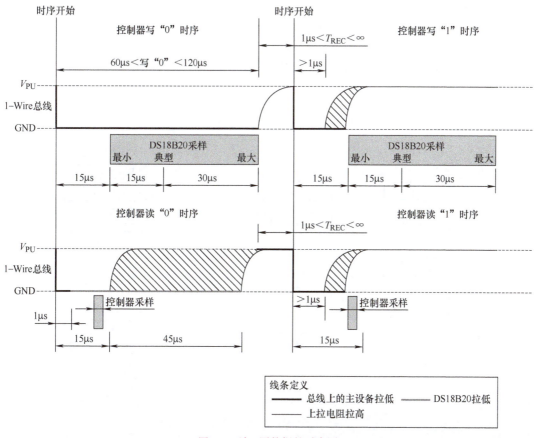

图 6-5 读/写数据的时序图

单片机程序设计过程：

1）将数据线电平拉高到 1。
2）延时 2μs。
3）将数据线电平拉低到 0。
4）延时 6μs。
5）将数据线电平拉高到 1。
6）延时 4μs。
7）读数据线的状态，得到一个状态位，并进行数据处理（若此时数据线电平为高，则读取数据为 1，若此时数据线电平为低，则读取数据为 0）。

8）延时30μs。

9）重复步骤1）～7），直到读取完一个字节。

6. DS18B20温度读取操作指令

1）Init_18B20( );　　　　　// 复位。

2）Write（0xCC）;　　　　// 跳过ROM指令。

3）Write（0x44）;　　　　// 温度转换指令。

4）Init_18B20( );　　　　　// 复位。

5）Write（0xCC）;　　　　// 跳过ROM指令。

6）Write（0xBE）;　　　　// 读取暂存寄存器。

7）a=Read( );　　　　　　// 读取温度值低位。

8）b=Read( );　　　　　　// 读取温度值高位。

7. 程序设计思路

汽车温度表控制的程序设计流程图如图6-6所示。

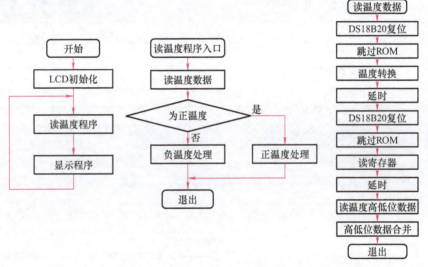

图6-6　汽车温度表控制的程序设计流程图

8. 关键指令分析（见图6-7）

```
129  void temp_read_1( )                          //读温度程序
130  {
131      float f_temp;
132      temp=ReadTemp( );                        //读温度数据
133      if(temp<=0x0800)                         //正温度
134      {
135          f_temp=temp*0.0625;                  //精度为12位，所以分辨率为0.0625
136          temp=f_temp*10;                      //乘以10，将实际温度扩大10倍
137          zhen_bit=1;                          //正温度标志位
138      }
139      else                                     //负温度
140      {
141          zhen_bit=0;                          //负温度标志位
142          temp= ~temp;temp+=1;temp>>=4;        //负温度数据处理
143      }
144  }
```

图6-7　汽车温度表控制的关键指令分析

任务 6-1 习题

1. DS18B20 数字温度传感器提供_____到_____的摄氏温度测量。
2. DS18B20 数字温度传感器采用_____通信。
3. DS18B20 数字温度传感器温度可测量范围为：_____℃。

实操 6-1　汽车温度表控制学习工单

项目6	汽车扩展控制		任务 6-1		汽车温度表控制	学时	2
姓名		学号		班级		日期	
团队成员							
任务要求	基本任务：第一行进行摄氏温标显示温度，第二行进行华氏温标显示温度。						
	拓展任务：检测温度超过 20℃时亮 1 个 LED 灯、超过 23℃时亮 2 个 LED 灯、超过 26℃时亮 3 个 LED 灯、超过 30℃时亮 4 个 LED 灯并发出警告声。						

1. 电路设计

2. 程序思路

3. 基本任务功能测试
1）检查电路连接是否正确：　　　　　　　　　　　　　　　　是□　否□
2）检查程序下载器是否连接正常：　　　　　　　　　　　　　是□　否□
3）下载程序到目标板是否完成：　　　　　　　　　　　　　　是□　否□
4）能显示当前温度：　　　　　　　　　　　　　　　　　　　是□　否□
5）能显示正温度：　　　　　　　　　　　　　　　　　　　　是□　否□
6）能显示负温度：　　　　　　　　　　　　　　　　　　　　是□　否□

(续)

4. 拓展任务功能测试
1）温度小于20℃，灯灭：　　　　　　　　　　　　　　　　是□　否□
2）温度20～23℃，亮1个灯：　　　　　　　　　　　　　　是□　否□
3）温度23～26℃，亮2个灯：　　　　　　　　　　　　　　是□　否□
4）温度26～30℃，亮3个灯：　　　　　　　　　　　　　　是□　否□
5）温度大于30℃，亮4个灯：　　　　　　　　　　　　　　是□　否□

5. 检查展示
1）小组成员自查和互查，进行补充完善。
2）各小组推荐优秀作品进行展示解说。

6. 总结评价

序号	评价项目	配分	自评分	组长评分	教师评分	企业评分	备注
1	电路设计	15					
2	程序思路	20					
3	基本任务	20					
4	拓展任务	15					
5	检查展示	10					
6	劳动纪律	5					
7	积极主动	5					
8	工匠精神	5					
9	贡献大小	5					
	合计	100					

综合得分=自评分×10%+组长评分×20%+教师评分×40%+企业评分×30%=□

7. 反思

任务 6-2　汽车电量表控制

 目 的 与 要 求

通过单片机控制，在LCD1602上显示电池当前电量，以此来模拟电动汽车上的电量显示及控制。

设计要求：第一行显示"Battery Level："，第二行显示电池前当电量。

1. 电路设计

汽车电量表控制的仿真电路如图6-8所示。

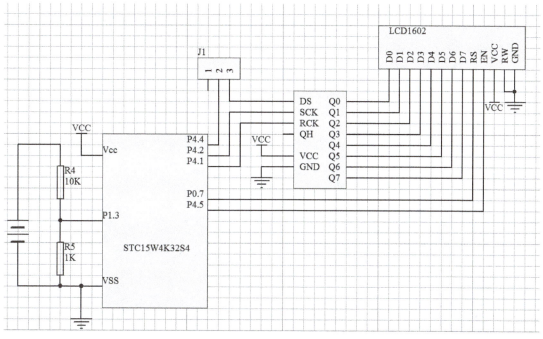

图 6-8　汽车电量表控制的仿真电路图

2. 源程序设计（见图 6-9）

```
1  ////6-2 电量检测///////////////////////////
2  #include "STC15F2K60S2.h"
3  #include <intrins.h>
4  sbit DIO =P4^4;                                    //串行数据输入
5  sbit RCLK=P4^1;                                    //时钟脉冲信号——上升沿有效
6  sbit SCLK=P4^2;                                    //打入信号——上升沿有效
7  sbit lcden=P4^5;                                   //LCD1602使能端
8  sbit lcdrs=P0^7;                                   //LCD1602寄存器选择
9  unsigned char table1[16]="Battery Level:  ";       //第一行显示数据
10 unsigned char table2[16]="                ";      //第二行显示数据
11 unsigned int AD_D;                                 //A/D转换值
12 unsigned int V_T;                                  //电池电量
13 void InitADC( );                                   //内部A/D转换初始化程序
14 unsigned char GetADCResult(unsigned char ch);      //取内部10位A/D转换数据
15 unsigned int  get_adc(unsigned char ch);           //读相关通道A/D转换数据值
16 void HC595_OUT(unsigned char X)                    //74HC595输出子程序
17 { unsigned char i;
18    for(i=8;i>=1;i--)
19    {if (X&0x80) DIO=1; else DIO=0;
20       X<<=1;
21       SCLK = 0;    SCLK = 1;
22    }
23 }
24 void delay(unsigned int x)
25 {unsigned int i,j;
26    for(i=x;i>0;i--)
27    { for(j=240;j>0;j--); }
28 }
29 void lcd_write_com(unsigned char com)
30 { lcdrs=0;
31    HC595_OUT(com);
32    RCLK = 0;RCLK = 0;
33    RCLK = 1;RCLK = 1;
34    lcden=1;
35    delay(10);
36    lcden=0;
37 }
```

图 6-9　汽车电量表控制的源程序

```
38  void lcd_write_data(unsigned char dat)
39  { lcdrs=1;
40    HC595_OUT(dat);
41    RCLK = 0;RCLK = 0;
42    RCLK = 1;RCLK = 1;
43    lcden=1;
44    delay(10);
45    lcden=0;
46  }
47  void display( )
48  {unsigned char num;
49    lcd_write_com(0x80);
50    for(num=0;num<16;num++)
51    {lcd_write_data(table1[num]);
52    delay(10);
53    }
54    lcd_write_com(0xC0);
55    for(num=0;num<16;num++)
56    {lcd_write_data(table2[num]);
57    delay(10);
58    }
59  }
60  void init( )
61  { delay(1000);
62    lcd_write_com(0x38);delay(100);    //显示模式设置
63    lcd_write_com(0x08);delay(100);    //显示关闭
64    lcd_write_com(0x01);delay(100);    //显示清屏
65    lcd_write_com(0x06);delay(100);    //显示光标移动设置
66    lcd_write_com(0x0C);delay(100);    //显示开及光标设置
67  }
68  void main()
69  {
70    unsigned char i;
71    P0M0=0xFF;P0M1=0x00;               //设置P0口为强输出模式
72    P4M0=0xFF;P4M1=0x00;               //设置P4口为强输出模式
73    delay(100);                        //延时
74    init( );                           //LCD1602初始化
75    while(1)
76    { AD_D=get_adc(3);                 //取第3路A/D转换数据
77      V_T=AD_D*55;                     //数据转换
78      V_T/=10;                         //应为除以1024,现除以10,即可显示两位小数。
79      if(V_T/1000==0) table2[1]=' ';   //千位若为零,则不显示
80      else    table2[1]=V_T/1000+0x30; //取电能千位,转换成ASCII码
81      table2[2]=(V_T%1000)/100+0x30;   //取电能百位,转换成ASCII码
82      table2[3]='.';                   //显示小数点
83      table2[4]=(V_T%100)/10+0x30;     //取电能十位,转换成ASCII码
84      table2[5]=(V_T%10)+0x30;         //取电能个位,转换成ASCII码
85      table2[6]='V';                   //显示电压字符
86      for(i=0;i<10;i++) display( );    //降低A/D转换读取频率。改变i值,可改变数据刷新速度
87    }
88  }
89  unsigned int get_adc(unsigned char ch)  //读第几通道A/D转换数据值
90  {unsigned int  adc_r;
91    adc_r=GetADCResult(ch)*4+ADC_RESL;    //将A/D转换结果高位数据和低位数据组合
92    return(adc_r);                        //返回A/D转换结果
93  }
94  unsigned char GetADCResult(unsigned char ch) //取内部10位A/D转换数据
95  { ADC_CONTR = 0x88 | ch ;             //打开电源开关
96    while (!(ADC_CONTR & 0x10));        //等待A/D转换结束
97    ADC_CONTR &=  0x10;                 //关闭A/D转换,对转换结束标志清零
98    return ADC_RES;                     //返回A/D转换结果高位寄存器数据
99  }
100 void InitADC( )                       //内部A/D转换初始化程序
101 { P1ASF=0x07;                         //设置P1口的相应引脚为模拟输入(A/D转换功能)
102   ADC_RES = 0;                        //A/D转换结果高位寄存器清零
103   ADC_CONTR = 0x80;                   //打开A/D转换器电源开关
104   delay(100);                         //A/D转换延时
105 }
```

图 6-9 汽车电量表控制的源程序（续）

相关知识

1. 取样电压与 A/D 转换值计算

电池电压取样的仿真电路如图 6-10 所示。

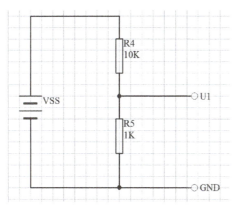

图 6-10 电池电压取样的仿真电路

如图 6-10 所示，可得 $U_1=[R_5/(R_4+R_5)]V_{SS}=(1/11)V_{SS}$。

单片机通过 A/D 转换可检测到 U_1 转换的数字信号。若想取得数字信号所描述的模拟电压值，需要将数字值乘 5 再除以 1024，得到的数据即为此时检测到的模拟电压数值。列方程为 $U_1=$（数字值 ×5）/1024。

由上述分析可得

$$（数字值 ×5）/1024=(1/11)V_{SS}$$

转换可得

$$V_{SS}=[（数字值 ×5）/1024] × 11$$

化简为：

$$V_{SS}=（数字值 ×55）/1024$$

1) 电池电量检测精确到个位数的方法：将单片机取得的 A/D 转换值乘以 55，再除以 1024，即可得出当前电池电量的模拟值。

2) 电池电量检测精确到 1 位小数的方法：将单片机取得的 A/D 转换值乘以 550，再除以 1024，即可得出当前电池电量的 10 倍模拟值，在显示该值时，人为在个位和十位之间加入小数点，此时显示出来的数据和真实数据一致。因单片机对小数的处理比较复杂，故采用此方法可到得一个具有小数显示的电池电量表。

注：上述分析是以图 6-10 所示仿真电路及单片机供电电压为 5V 为例进行的，若元器件参数有改变，则需要进行相应改变。计算过程中数据的存放变量需要考虑数据类型，例如定义变量时是 int 型，计算数据存放最大值即为 65535，若超过 65535 则无法存放或造成数据错误。若需要检测的电压超过此值时需要定义变量为 long 型或更大数据类型，也可通过方程化简的方法使因数和被除数减少。例如在精确到 1 位小数时应除以 1024，可以把 1024 近似成 1020，所得到的结果误差为 0.1V，此时 1020 就可以与 55 进行约分处理来减小因数和被除数，使计算结果在数据类型的范围内。

2. 程序设计思路

汽车电量表控制的程序设计流程如图 6-11 所示。

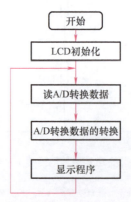

图 6-11　汽车电量表控制的程序设计流程图

任务 6-2　习题

1. 怎样将电池电量检测精确到个位数？
2. 怎样将电池电量检测精确到 1 位小数？

实操 6-2　汽车电量表控制学习工单

项目 6	汽车扩展项目	任务 6-2	汽车电量表控制	学时	2
姓名		学号		班级		日期	
团队成员					
任务要求	基本任务：实现电池电量实时显示，误差小于 0.5V。				
	拓展任务：实现电池电量高低与 LED 灯的联动显示，高电量时 4 个 LED 灯全亮，达到最低电量时亮 1 个 LED 灯。				

1. 电路设计

项目6 汽车扩展控制

（续）

2. 程序思路

3. 基本任务功能测试
1）检查电路连接是否正确： 是□ 否□
2）检查程序下载器是否连接正常： 是□ 否□
3）下载程序到目标板是否完成： 是□ 否□
4）显示电池电压： 是□ 否□
5）显示外接电源电压值： 是□ 否□
6）误差小于0.5V： 是□ 否□

4. 拓展任务功能测试
1）对应电池电量，亮1个LED灯： 是□ 否□
2）对应电池电量，亮2个LED灯： 是□ 否□
3）对应电池电量，亮3个LED灯： 是□ 否□
4）对应电池电量，亮4个LED灯： 是□ 否□

5. 检查展示
1）小组成员自查和互查，进行补充完善。
2）各小组推荐优秀作品进行展示解说。

6. 总结评价

序号	评价项目	配分	自评分	组长评分	教师评分	企业评分	备注
1	电路设计	15					
2	程序思路	20					
3	基本任务	20					
4	拓展任务	15					
5	检查展示	10					
6	劳动纪律	5					
7	积极主动	5					
8	工匠精神	5					
9	贡献大小	5					
	合计	100					

综合得分＝自评分×10%＋组长评分×20%＋教师评分×40%＋企业评分×30%＝ □

7. 反思

任务 6-3 汽车无线控制

目的与要求

通过单片机控制,利用 LED 灯显示辨别按下 315MHz 无线遥控器上的按键,以此来模拟汽车的遥控钥匙控制。

设计要求:按下遥控器 <A> 键,L2 点亮;按下遥控器 <B> 键,L3 点亮;按下遥控器 <C> 键,L4 点亮;按下遥控器 <D> 键,L7 点亮;松开时各灯熄灭。

1. 电路设计

汽车无线控制的仿真电路如图 6-12 所示。

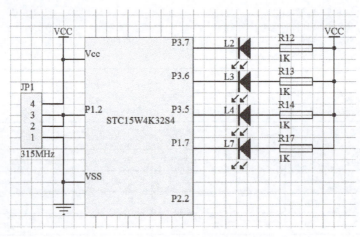

图 6-12 汽车无线控制的仿真电路图

2. 源程序设计(见图 6-13)

```
1  /////6-3////////////////////////
2  #include "STC15F2K60S2.h"
3  #include <intrins.h>
4  sbit LED1=P3^7;              //定义LED灯 L2 为 P3.7 口
5  sbit LED2=P3^6;              //定义LED灯 L3 为 P3.6 口
6  sbit LED3=P3^5;              //定义LED灯 L4 为 P3.5 口
7  sbit LED4=P1^7;              //定义LED灯 L7 为 P1.7 口
8  sbit wux=P1^2;               //315MHz接收数据口
9  unsigned char time_count=0;  //定义时间变量
10 unsigned char D[3];          //解码后数据存放,24位
11 bit time_bit=0;              //启动计时器标志
12 bit flag;                    //解码标志
13 void timer() interrupt 1     //定时器T0
14 {TH0=0xFF;TL0=0x48;          //100μs
15   if(time_bit==1) time_count++;
16 }
```

图 6-13 汽车无线控制的源程序

```
17   void Timer0Init(void)              //100μs，22.1184MHz
18   { AUXR &= 0x7F;                    //定时器时钟12分频模式
19     TMOD &= 0xF0;                    //设置定时器模式
20     TMOD |= 0x01;                    //设置定时器模式
21     TL0 = 0x48;                      //设置定时初值
22     TH0 = 0xFF;                      //设置定时初值
23     TF0 = 0;                         //清除TF0标志
24     TR0 = 1;                         //定时器0开始计时
25   }
26   void jiema( )                      //解码
27   { unsigned char j,i;
28     flag=0;                          //接收标志位清零
29     time_bit=0;                      //停止计时
30     time_count=0;                    //计时清零
31     while(wux);                      //等待数据为低电平
32     time_bit=1;                      //低电平时开始计时
33     while(!wux)                      //等待低电平结束，超时退出
34     {if(time_count>200)
35     goto RemExit;
36     }
37     time_bit=0;                      //停止计时
38     if ((time_count>80) && (time_count<180))    //判断同步码的宽度,110～160
39     {for(j=0;j<3;j++)                //接收24位数据
40       {for(i=0;i<8;i++)              //接收8位数据
41         {time_count=0;               //计时清零
42          while(!wux);                //等待数据跳为高电平
43          time_bit=1;                 //开始计时，计高电平持续时间
44          while(wux){if(time_count>200) goto RemExit;}  //等待高电平结束，超时则退出
45          time_bit=0;                 //停止计时
46          if((1<time_count)&&(time_count<9))           //判断高电持续时间是否为数据0
47          {D[j]=D[j]<<1;}             //数据0，直接左移一位。
48          else if((9<=time_count)&&(time_count<20))    //判断高电持续时间是否为数据1
49          {D[j]=D[j]<<1;D[j]=D[j]+0x01;}               //数据1，左移一位后加1操作。
50          else goto RemExit;          //高电平持续时间不在范围内，退出
51         }
52     flag=1;                          //接收完成标志位
53     }
54     RemExit:                         //退出标志
55     time_bit=0;                      //停止计时
56     time_count=0;                    //计时清零
57     wux=1;                           //数据位拉高
58   }
59   void main( )
60   {P1M0=0x00;                        //设置P1口为准双向I/O口（传统51模式）
61    P1M1=0x00;                        //设置P1口为准双向I/O口（传统51模式）
62    P3M0=0x00;                        //设置P3口为准双向I/O口（传统51模式）
63    P3M1=0x00;                        //设置P3口为准双向I/O口（传统51模式）
64    Timer0Init( );                    //定时器0初始化
65    ET0=1;                            //允许T0中断
66    EA = 1;                           //允许全局中断
67    while(1)
68    {wux=1;                           //拉高数据位
69     if(wux) jiema( );                //数据为1时，调用解码程序
70     if(flag==1)                      //接收完成标志
71       {flag=0;                       //接收完成标志清零
72        if(D[2]==0x51) {LED1=0;LED2=1;LED3=1;LED4=1;}  //判断数据，并点亮L2
73        if(D[2]==0x52) {LED1=1;LED2=0;LED3=1;LED4=1;}  //判断数据，并点亮L3
74        if(D[2]==0x54) {LED1=1;LED2=1;LED3=0;LED4=1;}  //判断数据，并点亮L4
75        if(D[2]==0x58) {LED1=1;LED2=1;LED3=1;LED4=0;}  //判断数据，并点亮L7
76       }
77    }
78   }
```

图6-13　汽车无线控制的源程序（续）

相关知识

1．PT2262 与 PT2272 概述

PT2262 与 PT2272 是一类 CMOS 工艺制造的低功耗、低价位的通用编、解码电路，PT2262/PT2272 最多可有 12 位（A0～A11）三态地址端引脚（可悬空／接高电平／接低电平），任意组合可提供 531441 个地址码，PT2262 最多可有 6 位（D0～D5）数据端引脚，

设定的地址码和数据码从引脚17串行输出,可用于无线遥控发射电路。编码芯片PT2262发出的编码信号由地址码、数据码和同步码组成一个完整的码字,解码芯片PT2272接收到信号后,其地址码经过两次比较核对后,VT脚才输出高电平,与此同时相应的数据脚也输出高电平,如果发送端一直按住按键,PT2262也会连续发射。当发送端没有按键按下时,PT2262不接通电源,其引脚17为低电平,所以315MHz的高频发射电路不工作,当有按键按下时,PT2262得电工作,其引脚17输出经调制的串行数据信号,当引脚17为高电平期间,315MHz的高频发射电路起振并发射等幅高频信号,当引脚17为低平期间,315MHz的高频发射电路停止振荡,所以高频发射电路完全受控于PT2262的引脚17输出的数字信号,从而对高频电路完成幅度键控(ASK调制),相当于调制度为100%的调幅。

2. PT2262输出波形及编程规则

PT2262输出波形每帧由24个脉冲、一个停止位和一个帧间隔(同步头)组成,如图6-14所示。

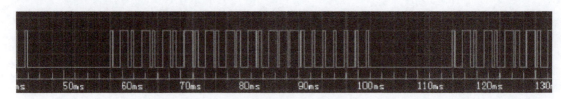

图6-14　PT2262输出波形图

用两个脉冲来表示一个状态,00代表数据"0"、11代表数据"1"、01代表悬空(数据"F")。前16个脉冲定义为地址码,后8个脉冲定义为数据码。数据"0"、数据"1"、数据"F"发送的码位如图6-15所示。

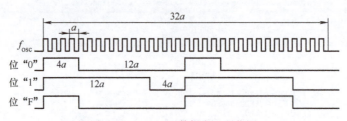

图6-15　PT2262数据发送码位图

3. 315MHz超再生接收模块

315MHz超再生接收模块实物如图6-16所示。

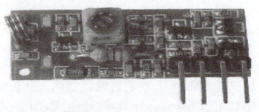

图6-16　315MHz超再生接收模块实物图

该接收模块的工作电压为5V，静态电流4mA，它为超再生接收电路，接收灵敏度为 –105dBm，接收天线需要25～30cm的导线，竖立起来接收效果与距离最佳。接收模块本身不带解码集成电路，因此接收电路仅是一种组件，需要在具体电路中进行二次开发才能发挥应有的作用，这种设计有很多优点，它可以和各种解码电路或者单片机配合，设计电路灵活方便。

4. 单片机实现软件解码

315MHz超再生接收模块输出波形与PT2262输出波形一致，因此可利用单片机对图6-14所示波形进行解码，得出相应的地址码和数据信息，以实现单片机对无线遥控器的软件解码功能。

PT2262每次至少发送4次编码，首先应检测11ms宽度的同步码头，有码头才开始进行编码解码，无码头则继续等待。

（1）软件解码同步码头

1）time_bit=0；// 停止计时。

2）time_count=0；// 计时清零。

3）while（wux）；// 等待数据为低电平。

4）time_bit=1；// 低电平时开始计时 100μs 计时器。

5）while（!wux）{if（time_count>200）goto RemExit；}// 等待低电平结束，大于20ms超时退出。

6）time_bit=0；// 停止计时。

7）if（(time_count>80)&&(time_count<180)）// 判断同步码的宽度，低电平持续时间在8～18ms之间时确认为同步码头。

（2）软件解码0

1）time_count=0；// 计时清零。

2）while（!wux）；// 等待数据跳为高电平。

3）time_bit=1；// 开始计时，计高电平持续时间。

4）while(wux){if(time_count>200）goto RemExit;}// 等待高电平结束，超时则退出。

5）time_bit=0；// 停止计时。

6）if（(1<time_count)&&(time_count<9)）// 判断高电持续时间，在0.1～0.9ms之间为数据0。

（3）软件解码1

1）time_count=0；// 计时清零。

2）while（!wux）；// 等待数据跳为高电平。

3）time_bit=1；// 开始计时，计高电平持续时间。

4）while（wux）{if(time_count>200）goto RemExit;}// 等待高电平结束，超时则退出。

5）time_bit=0；// 停止计时。

6）if（(9<time_count)&&(time_count<20)）// 判断高电持续时间，在0.9～2ms之间为数据1。

5. 程序设计思路

汽车无线控制的程序设计流程如图6-17所示。

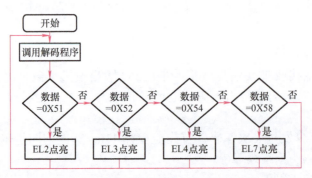

图6-17 汽车无线控制的程序设计流程图

6. 关键指令分析

（1）解码程序（见图6-18）

```
26  void jiema( )                                    //解码
27  { unsigned char j,i;
28      flag=0;                                      //接收标志位清零
29      time_bit=0;                                  //停止计时
30      time_count=0;                                //计时清零
31      while(wux);                                  //等待数据为低电平
32      time_bit=1;                                  //低电平时开始计时
33      while(!wux)                                  //等待低电平结束，超时退出
34      {if(time_count>200)
35      goto RemExit;
36      }
37      time_bit=0;                                  //停止计时
38      if ((time_count>80) && (time_count<180))     //判断同步码的宽度，110~160
39      {for(j=0;j<3;j++)                            //接收24位数据
40          {for(i=0;i<8;i++)                        //接收8位数据
41              {time_count=0;                       //计时清零
42              while(!wux);                         //等待数据跳为高电平
43              time_bit=1;                          //开始计时，计高电平持续时间
44              while(wux){if(time_count>200) goto RemExit;}   //等待高电平结束，超时则退出
45              time_bit=0;                          //停止计时
46              if((1<time_count)&&(time_count<9))   //判断高电平持续时间是否为数据0
47                  {D[j]=D[j]<<1;}                  //数据0，直接左移一位。
48              else if((9<=time_count)&&(time_count<20))  //判断高电平持续时间是否为数据1
49                  {D[j]=D[j]<<1;D[j]=D[j]+0x01;}   //数据1，左移一位后加1操作。
50              else goto RemExit;                   //高电平持续时间不在范围内，退出
51              }    }
52          flag=1;                                  //接收完成标志位
53          }
54      RemExit:                                     //退出标志
55      time_bit=0;                                  //停止计时
56      time_count=0;                                //计时清零
57      wux=1;                                       //数据位拉高
58  }
```

图6-18 解码程序

（2）程序跳转指令

```
ly:time++;
......
goto ly;
```

项目 6　汽车扩展控制

任务 6-3　习题

1. PT2262/PT2272 最多可有_____三态地址端引脚。
2. PT2262 输出数据每帧由_____、_____和_____组成。
3. 描述单片机实现软件解码的工作原理。

实操 6-3　汽车无线控制学习工单

项目 6	汽车扩展控制	任务 6-3	汽车无线控制	学时	2
姓名		学号		班级		日期	
团队成员	
任务要求	基本任务：按下遥控器 <A> 键，控制电动机低速转动；按下 <B> 键，电动机中速转动；按下 <C> 键，电动机高速转动；按下 <D> 键，电动机全速转动。松开按键，电动机停止转动。 拓展任务：在完成基本任务的基础上，将接收到的数据以十六进制形式通过串行口上传。

1. 电路设计

2. 程序思路

3. 基本任务功能测试
1）检查电路连接是否正确： 是□ 否□
2）检查程序下载器是否连接正常： 是□ 否□
3）下载程序到目标板是否完成： 是□ 否□
4）按 <A> 键，电动机低速转动： 是□ 否□
5）按 <B> 键，电动机中速转动： 是□ 否□
6）按 <C> 键，电动机高速转动： 是□ 否□
7）按 <D> 键，电动机全速转动： 是□ 否□
8）松开按键，电动机停止转动： 是□ 否□

(续)

4. 拓展任务功能测试

通过串行口上传按键数据： 是□ 否□

5. 检查展示

1）小组成员自查和互查，进行补充完善。
2）各小组推荐优秀作品进行展示解说。

6. 总结评价

序号	评价项目	配分	自评分	组长评分	教师评分	企业评分	备注
1	电路设计	15					
2	程序思路	20					
3	基本任务	20					
4	拓展任务	15					
5	检查展示	10					
6	劳动纪律	5					
7	积极主动	5					
8	工匠精神	5					
9	贡献大小	5					
	合计	100					

综合得分 = 自评分 ×10%+ 组长评分 ×20%+ 教师评分 ×40%+ 企业评分 ×30%= ☐

7. 反思

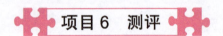

项目6 测评

序号	测评内容	是否具备该项能力	存在的主要问题
1	能编制程序控制 DS18B20	是□ 否□	
2	能编制程序进行电池电量检测	是□ 否□	
3	能编制程序进行 315MHz 解码	是□ 否□	

综合练习　智能电动小车组装与控制

要求学习者将前面项目中所学知识进行综合运用，通过装配与调试实现电动小车的智能控制，以掌握单片机在智能电动小车控制方面的综合设计与编程技巧。

技能目标：

1）能编制智能电动小车车身控制程序。
2）能编制智能电动小车防碰撞控制程序。

项目6 汽车扩展控制

3）能编制智能电动小车 WiFi 控制程序。

4）能编制智能电动小车电能管理控制程序。

5）能编制智能电动小车循迹控制程序。

综合练习1　智能电动小车各项控制学习工单

综合练习	智能电动小车组装与控制		综合练习1	智能电动小车各项控制	学时	6
姓名		学号		班级	日期	
团队成员						
任务要求	基本要求：利用无线遥控器控制小车前进、后退、左转、右转、原地掉头、防碰撞等操作，利用按键进行速度加减操作，要求实时显示电池电能，电能不足时报警。 拓展要求：利用手机 WiFi 控制小车前进、后退、加速、减速、左转、右转、原地左转、原地右转、原地掉头、防碰撞等操作，要求实时显示电池电能，电能不足时报警。					

1. 电路设计

2. 程序思路

(续)

3. 基本任务功能测试

1）检查电路连接是否正确： 是□ 否□
2）检查程序下载器是否连接正常： 是□ 否□
3）下载程序到目标板是否完成： 是□ 否□
4）前进、后退、左转、右转功能是否正常： 是□ 否□
5）原地掉头、加速、减速、防碰撞功能是否正常： 是□ 否□
6）电能显示是否正常： 是□ 否□
7）低电能是否报警： 是□ 否□

4. 拓展任务功能测试

1）前进、后退、左转、右转功能是否正常： 是□ 否□
2）原地左转、原地右转功能是否正常： 是□ 否□
3）原地掉头、加速、减速、防碰撞功能是否正常： 是□ 否□
4）电能显示是否正常： 是□ 否□
5）低电能是否报警： 是□ 否□

5. 检查展示

1）小组成员自查和互查，进行补充完善。
2）各小组推荐优秀作品进行展示解说。

6. 总结评价

序号	评价项目	配分	自评分	组长评分	教师评分	企业评分	备注
1	电路设计	15					
2	程序思路	20					
3	基本任务	20					
4	拓展任务	15					
5	检查展示	10					
6	劳动纪律	5					
7	积极主动	5					
8	工匠精神	5					
9	贡献大小	5					
	合计	100					

综合得分 = 自评分 ×10%+ 组长评分 ×20%+ 教师评分 ×40%+ 企业评分 ×30%=

7. 反思

综合练习 2　智能电动小车循迹控制学习工单

综合练习	智能电动小车组装与控制	综合练习 2	智能电动小车循迹控制	学时	6
姓名		学号		班级		日期	
团队成员					
任务要求	基本要求：设计一个 4 路传感器，控制小车自动循迹，进行单一圆跑道运动。 拓展要求：自动循迹时分辨出"T""十"字和直行路口，并显示路口标志。				

（续）

1. 电路设计

2. 程序思路

3. 基本任务功能测试		
1）检查电路连接是否正确：	是□	否□
2）检查程序下载器是否连接正常：	是□	否□
3）下载程序到目标板是否完成：	是□	否□
4）能顺利跑完 1 圈：	是□	否□
5）能连续跑完 5 圈：	是□	否□
4. 拓展任务功能测试		
1）能检测出"T"字路口：	是□	否□
2）能检测出"十"字路口：	是□	否□
3）能检测出直行路口：	是□	否□

5. 检查展示
1）小组成员自查和互查，进行补充完善。
2）各小组推荐优秀作品进行展示解说。

（续）

6. 总结评价

序号	评价项目	配分	自评分	组长评分	教师评分	企业评分	备注
1	电路设计	15					
2	程序思路	20					
3	基本任务	20					
4	拓展任务	15					
5	检查展示	10					
6	劳动纪律	5					
7	积极主动	5					
8	工匠精神	5					
9	贡献大小	5					
	合计	100					

综合得分 = 自评分 ×10%+ 组长评分 ×20%+ 教师评分 ×40%+ 企业评分 ×30%= ☐

7. 反思

综合测评

序号	测评内容	是否具备该项能力	存在的主要问题
1	能编制程序进行车身控制	是☐ 否☐	
2	能编制程序进行循迹控制	是☐ 否☐	
3	能编制程序进行防碰撞控制	是☐ 否☐	
4	能编制程序进行WiFi控制	是☐ 否☐	
5	能编制程序进行电能管理控制	是☐ 否☐	

附录 TT3 开发板仿真电路原理图

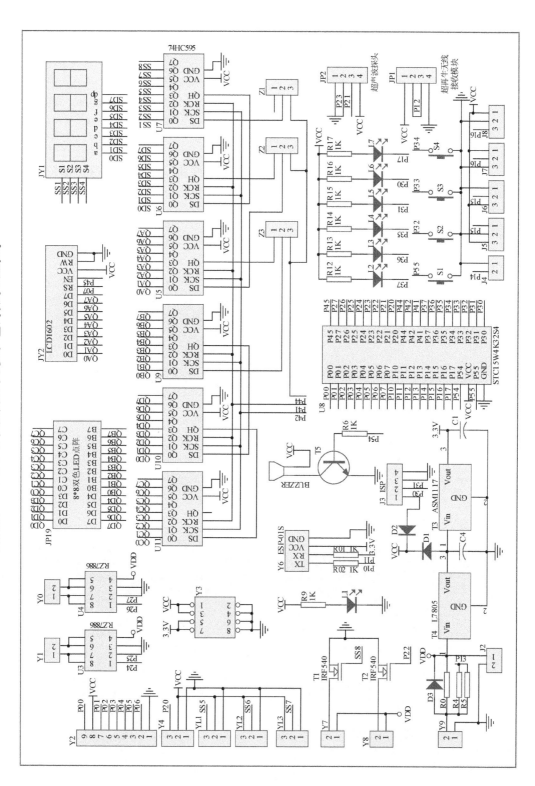

参考文献

[1] 陈海松.单片机应用技能项目化教程[M].北京：电子工业出版社，2012.
[2] 郭天祥.新概念51单片机C语言教程：入门、提高、开发、拓展全攻略[M].2版.北京：电子工业出版社，2018.
[3] 李朝青，卢晋，王志勇，等.单片机原理及接口技术[M].5版.北京：北京航空航天大学出版社，2017.
[4] 王俊，张玉玺，刘寒颖.单片机基础与Arduino应用[M].北京：电子工业出版社，2017.
[5] 张义和，王敏男，许宏昌，等.例说51单片机：C语言版[M].3版.北京：人民邮电出版社，2010.